Métier **Enseignant**

Cycle 1

2e édition

Je prépare ma classe

Grande section

Sous la direction de **Marc Loison**
Docteur en histoire de l'éducation et sciences de l'éducation,
Maître de conférences honoraire en histoire contemporaine de l'université d'Artois,
Ancien conseiller pédagogique chargé de mission académique pour l'éducation prioritaire

Ouvrage coordonné par **Valérie Bouquillon,**
Conseillère pédagogique départementale en maternelle

Danièle Adad, professeure des écoles, EMF affectée en INSPE

Marianne Caron, directrice d'école maternelle

Nadine Dejaigher, conseillère pédagogique, référente maternelle de circonscription

Virginie Duquenoy, directrice d'école maternelle, EMF

Virginie Lambadaris, professeure des écoles, enseignante en maternelle, titulaire du CAFIPEMF et d'un master 2 en littérature jeunesse

Martine Pawlak, directrice d'école élémentaire, déléguée départementale de l'AGEEM

Ève Santhune, conseillère pédagogique départementale formation initiale et continue

Cyrielle Scicchitano, conseillère pédagogique

Marie-Ange Wilk, directrice d'école maternelle

Vuibert

Maquette de couverture : Marie Dortier
Crédit photographie de couverture : Adobe Stock / New Africa
Maquette intérieure : Marie Dortier
Mise en page : So'Graph
Photographies : droits réservés
ISBN : 978-2-311-20986-0

Sommaire

Avant-propos 7

Emploi du temps type 9

PARTIE 1 : Mobiliser le langage dans toutes ses dimensions

Exemples de programmations annuelles 14

1 L'oral

Séquence n° 1 : Mobiliser le langage autour d'un conte patrimonial : *Le Petit Chaperon rouge* 17

Séance n° 1 : Jeu du bouche-oreille 19

Séance n° 2 : Jeu de loto 20

Séance n° 3 : Les catégories : les champs lexicaux 21

Séance n° 4 : Jeu des mots qui vont ensemble 22

Séquence n° 2 : Apprendre à raconter une histoire : *La Grenouille à grande bouche*, de Francine Vidal 24

Séance n° 1 : Identifier les personnages et leurs aliments 26

Séance n° 2 : Jeu de la page envolée 27

Séance n° 3 : Raconter l'histoire et rappel de récit 28

2 L'écrit

Séquence n° 1 : Écouter de l'écrit et comprendre 31

Séance n° 1 : *Cornebidouille* 33

Séance n° 2 : Un réseau autour des sorcières 36

Séquence n° 2 : Produire des écrits autonomes 38

Séance filée n° 1 : Aménager un espace écriture 39

Séance filée n° 2 : Le cahier d'écrivain 41

PARTIE 2 : Agir, s'exprimer, comprendre à travers l'activité physique

Exemple de programmation annuelle 44

3 Les activités physiques

Séquence n° 1 : Pratiquer des jeux d'opposition 46
Séances n°s 1 à 3 : Le loup et les chevreaux 47

Séquence n° 2 : Effectuer une randonnée pédestre 50
Séances n°s 1 à 3 : Familiarisation 52
Séance n° 4 : Entraînement 54

Séquence n° 3 : Découvrir le milieu aquatique 56
Séance n° 1 : Familiarisation 57
Séance n° 2 : Première prise de contact avec le milieu aquatique : s'immerger 59

PARTIE 3 : Agir, s'exprimer, comprendre à travers les activités artistiques

Exemples de programmations annuelles 62

4 Les productions plastiques et visuelles

Séquence n° 1 : L'image qui voyage 66
Séance n° 1 : L'espace du photographe 68
Séance n° 2 : Lecture d'œuvre 70
Séance n° 3 : Jeu avec les pictogrammes 72
Séance n° 4 : L'image qui voyage 74

Séquence n° 2 : Dessiner en grande section 75
Séance n° 1 : S'entraîner à dessiner 77
Séance n° 2 : Apprendre à dessiner 78
Séance n° 3 : Dessiner pour se représenter 81

5 Les univers sonores

Séquence n° 1 : Chanter 84
Séance filée n° 1 : Chanter ensemble 85

Séquence n° 2 : Explorer des instruments 89
Séance filée n° 1 : Des sons, du rythme 91
Séance filée n° 2 : Jouer ensemble 94

Séquence n° 3 : Affiner son écoute 96
Séance n° 1 : *Danse hongroise n° 5*, Johannes Brahms 97

6 Le spectacle vivant

Séquence n° 1 : Pratiquer quelques activités du spectacle vivant 101
Séance n° 1 : Les funambules 103
Séance n° 2 : Les jongleurs 106

Séance n° 3 : Les acrobates 108
Séance n° 4 : Le magicien 112
Séance n° 5 : Vers la représentation 114

PARTIE 4 : Construire les premiers outils pour structurer sa pensée

Exemples de programmations annuelles 118

7 Découvrir les nombres et leurs utilisations

Séquence n° 1 : Les nombres comme mémoire de la quantité 121
Séance n° 1 : Les parapluies 123
Séance n° 2 : Les paquets-cadeaux 125

Séquence n° 2 : Fréquenter les compléments à 10 et commencer à les mémoriser 128
Séance n° 1 : Le chemin 130
Séance n° 2 : La course à 5, à 10 132
Séance n° 3 : La commande de hamburger 134

8 Explorer des formes, des grandeurs, des suites organisées

Séquence n° 1 : Explorer les formes planes 137
Séance n° 1 : Dégager les propriétés géométriques des formes planes 139
Séance n° 2 : Reproduire des configurations spatiales de formes planes sur quadrillage 141
Séance n° 3 : Décrire un tableau et en compléter les parties manquantes 143
Séance n° 4 : Jeu du tableau 145
Séance n° 5 : Jeu des 7 erreurs 146

Séquence n° 2 : Réaliser des algorithmes 148
Séance n° 1 : Poursuivre un algorithme 1 + 1 + 1 sur une ligne 149
Séance n° 2 : Poursuivre un algorithme 1 + 2 + 1 sur une ligne 151
Séance n° 3 : Poursuivre un algorithme sur une double ligne 153

PARTIE 5 : Explorer le monde

Exemples de programmations annuelles 159

9 Se repérer dans le temps

Séquence n° 1 : Construire et savoir utiliser une frise hebdomadaire 164
Séance filée n° 1 : Jours de la semaine et activités de classe 166
Séance filée n° 2 : La succession des jours 168
Séance filée n° 3 : Histoire de jours 170
Séance filée n° 4 : La frise hebdomadaire 172

Séquence n° 2 : Situer les événements les uns par rapport aux autres 175
Séance filée n° 1 : Antériorité, postériorité et simultanéité 176

10 Se repérer dans l'espace

Séquence n° 1 : Activités d'orientation 180
Séance n° 1 : Se situer dans un espace connu 182
Séance n° 2 : Rallye photos 183
Séance n° 3 : Chasse au trésor 184

Séquence n° 2 : Découvrir différents milieux 186
Séance n° 1 : Découvrir son environnement proche 187
Séance n° 2 : Décrire, comparer des milieux moins familiers 188

Séquence n° 3 : Déplacement et codage 190
Séance n° 1 : Robots et codage 192
Séance n° 2 : Labyrinthe et tunnels 193

11 Découvrir le monde vivant

Séquence n° 1 : Entretenir un jardin potager à l'école 196
Séance n° 4 : En classe, après la préparation du jardin 197
Séances nos 5 à 7 : Observation et suivi des plantations 199

Séquence n° 2 : Respecter quelques règles d'hygiène 201
Séance n° 1 : L'hygiène du corps 202
Séance n° 4 : La toilette 204
Séance n° 6 : Le lavage des mains 206

12 Explorer la matière

Séquence n° 1 : Découvrir une propriété de la matière : le magnétisme 209
Séance n° 1 : Que font les aimants ? 211
Séance n° 2 : Quels sont les objets que les aimants attirent ? (Jeu de la pêche) 212
Séance n° 3 : Comment faire bouger un objet sans le toucher en utilisant un aimant ? 214

Séquence n° 2 : Découvrir les ombres et la lumière 216
Séance n° 1 : Jouer avec son ombre dehors 218
Séance n° 2 : Je me dessine avec mon ombre 220

13 Utiliser, fabriquer, manipuler des objets

Séquence n° 1 : Découvrir le fonctionnement et utiliser la lampe de poche 224
Séance n° 1 : Utiliser une lampe de poche 226
Séance n° 2 : Savoir monter la lampe de poche pour l'utiliser 228

Séquence n° 2 : Construire un objet qui répond à une contrainte et savoir élaborer sa fiche technique 230
Séance n° 1 : Fabriquer une voiture qui roule 232
Séance n° 2 : Utiliser une photographie comme modèle pour construire un objet qui roule 234

Séquence n° 3 : Découvrir le fonctionnement et utiliser les tablettes tactiles 236
Séance n° 1 : Se familiariser avec la tablette tactile 238

Avant-propos

Les programmes de l'école maternelle de 2020[1] définissent cinq domaines d'apprentissage. Le domaine « Mobiliser le langage dans toutes ses dimensions » réaffirme la place primordiale du langage à l'école maternelle comme condition essentielle de la réussite de tous les élèves. La stimulation et la structuration du langage oral d'une part, l'entrée progressive dans la culture de l'écrit d'autre part constituent des priorités de l'école maternelle et concernent l'ensemble des domaines.

Les domaines « Agir, s'exprimer, comprendre à travers l'activité physique », « Agir, s'exprimer, comprendre à travers les activités artistiques » permettent de développer les interactions entre l'action, les sensations, l'imaginaire, la sensibilité et la pensée.

Enfin, les deux derniers domaines, « Construire les premiers outils pour structurer sa pensée » et « Explorer le monde », s'attachent à développer une première compréhension de l'environnement des enfants et à susciter leur questionnement. En s'appuyant sur des connaissances initiales liées à leur vécu, l'école maternelle met en place un parcours qui leur permet d'ordonner le monde qui les entoure, d'accéder à des représentations usuelles et à des savoirs que l'école élémentaire enrichira.

Aussi, dans la continuité des programmes de 2020 redéfinissant les missions de l'école maternelle, le présent ouvrage vise prioritairement à :

- identifier les principales difficultés d'ordre didactique (au sens de cheminement des apprentissages, de contenus d'enseignement et de faisabilité des programmes) auxquelles les enseignants débutant à l'école maternelle sont susceptibles d'être confrontés ;
- y apporter des réponses concrètes d'ordre pédagogique à travers des séquences, des séances d'apprentissage, des suggestions ou des pistes d'activités.

Les programmes de 2020 rappellent que l'école maternelle organise des modalités spécifiques d'apprentissage et qu'il incombe aux enseignants de travailler en équipe afin de définir une progressivité des enseignements sur le cycle. Ils insistent par ailleurs sur la nécessité pour l'enseignant, au sein d'une même classe, de prendre en compte dans la perspective d'un objectif commun les différences entre enfants, tout en veillant à pratiquer une évaluation positive permettant d'identifier les réussites de l'enfant, d'en garder des traces et d'en percevoir l'évolution.

1. *Bulletin officiel* n° 31, 30 juillet 2020.

En conformité avec cet ensemble de préoccupations, cet ouvrage propose des activités au croisement des grandes compétences constituant le socle commun et des domaines d'apprentissage de l'école maternelle. Ces activités visent à :

- mobiliser le langage dans toutes ses dimensions : l'oral et l'écrit ;
- agir, s'exprimer, comprendre à travers l'activité physique ;
- agir, s'exprimer, comprendre à travers les activités artistiques : productions plastiques et visuelles, univers sonores, spectacle vivant ;
- construire les premiers outils pour structurer sa pensée : découvrir les nombres et leurs utilisations, explorer des formes, des grandeurs, des suites organisées ;
- explorer le monde : se repérer dans le temps et l'espace, explorer le monde du vivant, de la matière et des objets.

Au début de chaque séquence d'apprentissage, les activités ou situations proposées à titre d'exemple sont définies par référence aux objectifs du domaine d'apprentissage considéré, ainsi qu'aux attendus de fin de cycle. Sont également définis les objectifs langagiers et les critères observables tout au long de la séquence. Enfin, conformément aux programmes de 2020 invitant l'équipe pédagogique à aménager l'école afin d'offrir aux enfants un univers stimulant leur curiosité et répondant à leurs besoins, des indications sont données à propos de la préparation organisationnelle, matérielle et spatiale de la classe.

Pour répondre concrètement aux attentes des enseignants, débutant ou non dans une grande section, les auteurs, pour la plupart conseillers pédagogiques ou enseignants maîtres formateurs, après avoir éprouvé dans des classes toutes les activités décrites, ont opté pour une présentation des séances ou séquences sous forme de fiches de préparation de classe. Pour chacune d'entre elles sont indiqués :

- la description de la séance ;
- le rôle de l'enseignant ;
- les observables comme outil d'évaluation positive ;
- les traces ;
- les variables didactiques.

De plus, à des fins de prolongement, l'enseignant trouvera à l'issue de chaque séquence quelques pistes :

- d'ouverture vers une autre discipline ;
- de transfert de compétences.

Nous souhaitons que cet ouvrage, résolument ancré dans la pratique quotidienne de classe et dont les exemples d'activités ont été réellement éprouvés, devienne un outil de référence tant pour les maîtres confrontés aux réalités pédagogiques et didactiques que pour les formateurs en instituts nationaux supérieurs du professorat et de l'éducation (INSPE) ou en circonscriptions primaires.

Par ailleurs, la mise en œuvre éditoriale de cet ouvrage n'aurait pas été possible sans l'aide précieuse de Michel Ringeisen, Anaïs Cotelle et Sandrine Henry, que je tiens ici personnellement à remercier.

Marc Loison,
Maître de conférences honoraire
de l'université d'Artois
Directeur de collection

Exemple d'emploi du temps en grande section

<table>
<tr><th>Horaires</th><th>Lundi</th><th>Mardi</th><th>Jeudi</th><th>Vendredi</th></tr>
<tr><td>8 h 50 – 9 h</td><td colspan="4">Accueil individualisé des élèves en classe : activités libres, jeux sur les tables, inscription au tableau des présents.
Complément au petit déjeuner et passage aux toilettes si besoin.
Ouverture de quelques espaces de la classe (choisis par l'enseignant).
Objectifs : favoriser la communication en relation duelle avec l'enfant.
Prise en charge d'une ou plusieurs activités ritualisées par les enfants lorsqu'elles sont construites et installées.</td></tr>
<tr><td>9 h</td><td colspan="4">Activité ritualisée n° 1
Activité ritualisée avec un domaine et un objectif ciblé en fonction de la programmation annuelle.
Exemple dans le domaine MOBILISER LE LANGAGE DANS TOUTES SES DIMENSIONS : mise en place du tableau des présents et des absents, ou du tableau des responsabilités de la classe.
Exemple dans le domaine EXPLORER LE MONDE : mise en place du calendrier ou du tableau météo.
Présentation des ateliers et des espaces ouverts</td></tr>
<tr><td>9 h 15</td><td colspan="4">Temps d'apprentissage n° 1
AGIR, S'EXPRIMER, COMPRENDRE À TRAVERS L'ACTIVITÉ PHYSIQUE
Il est possible de prévoir une séance par semaine, comme ci-dessous, ou de procéder par apprentissage massé (voir la programmation EPS) soit :
Lundi-mardi : adapter ses équilibres et ses déplacements à des environnements ou des contraintes variés
Jeudi-vendredi : jeux pour collaborer, coopérer et s'opposer
Il sera alors nécessaire de reprendre ensuite les deux autres domaines lors de la période suivante.
<table>
<tr><td>Adapter ses équilibres et ses déplacements à des environnements ou des contraintes variés (4 ateliers)
Un atelier dirigé par l'enseignant pour l'apprentissage d'une tâche motrice et des ateliers autonomes de réinvestissement
L'ATSEM peut surveiller un atelier « à risques ».</td><td>Activités à visée expressive et esthétique</td><td>Agir dans l'espace, dans la durée et sur les objets
Un atelier dirigé par l'enseignant pour l'apprentissage d'une tâche motrice et des ateliers autonomes de réinvestissement
L'ATSEM peut surveiller un atelier « à risques ».</td><td>Jeux pour collaborer, coopérer et s'opposer</td></tr>
</table>
</td></tr>
</table>

9 h 45	**Temps d'apprentissage n° 2** MOBILISER LE LANGAGE DANS TOUTES SES DIMENSIONS • Temps d'apprentissage dirigé par l'enseignant : **l'oral / l'écrit**. • Activités autonomes d'entraînement, de réinvestissement dans les espaces dédiés de la classe (exemple : espace graphisme, espace écrivain, espace lecture, espace jeux autonomes, espace création, espace mathématiques, espace jeux de construction, espace sciences...).
10 h 15	**Activité ritualisée n° 2** Exemples dans le domaine MOBILISER LE LANGAGE DANS TOUTES SES DIMENSIONS • utilisation de la boîte à mots de la classe pour réinvestir les mots appris en contexte. • utilisation de la boîte à devinettes pour poser des questions.
10 h 30	**Passage aux toilettes – Habillage – Récréation**
11 h	**Activité ritualisée n° 3** Activité ritualisée avec un domaine et un objectif ciblé en fonction de la programmation annuelle. Exemple dans le domaine CONSTRUIRE LES PREMIERS OUTILS POUR STRUCTURER SA PENSÉE • mémoriser la comptine numérique, décomposer/recomposer les nombres, résoudre de petites énigmes... • mise en place du tableau des absents pour dénombrer des petites quantités.
11 h 15	**Temps d'apprentissage n° 3** CONSTRUIRE LES PREMIERS OUTILS POUR STRUCTURER SA PENSÉE • Temps d'apprentissage dirigé par l'enseignant : **découvrir les nombres et leurs utilisations, et explorer les formes, les grandeurs, des suites organisées**. • Ateliers autonomes d'entraînement, de réinvestissement dans les espaces dédiés de la classe.
11 h 45	**Activité ritualisée n° 4 : pour jouer avec sa voix et acquérir un répertoire de comptines et de chansons** Exemple : autour de la boîte à comptines L'enseignant proposera également des comptines, des chansons ou des poésies en langue vivante étrangère.
12 h	**Habillage – Sortie**

13 h 30	**Accueil individualisé** – Passage aux toilettes *Décloisonnement avec l'enseignant de petite section* Domaine : MOBILISER LE LANGAGE DANS TOUTES SES DIMENSIONS Activités de rappel de récit pour comprendre des textes lus par l'adulte et apprendre à raconter. **Temps d'apprentissage en groupes restreints n° 4 dirigé par l'enseignant de la classe :** • connaissance du principe alphabétique de la langue / connaissance des lettres de l'alphabet ; • acquisition et développement de la conscience phonologique : activités autour du phonème ; • ateliers d'essais d'écriture : commande de mots.
15 h	**Passage aux toilettes – Habillage – Récréation**
15 h 30	**Temps d'apprentissage n° 5** AGIR, S'EXPRIMER, COMPRENDRE À TRAVERS LES ACTIVITÉS ARTISTIQUES les productions plastiques, le spectacle vivant, l'univers sonore. EXPLORER LE MONDE se repérer dans le temps et l'espace, découvrir le monde du vivant, explorer la matière, utiliser, fabriquer, manipuler des objets, utiliser des outils numériques. *Pour ces deux domaines, il est possible de prévoir une séance par semaine ou de procéder par apprentissage massé (en fonction de la programmation annuelle).*
16 h 15	**Activité ritualisée n° 5 :** jeux pour affiner son écoute – UNIVERS SONORE
16 h 30	**Habillage – Sortie**

PARTIE 1

Mobiliser le langage dans toutes ses dimensions

❶ L'oral

Séquence n° 1 : Mobiliser le langage autour d'un conte patrimonial : *Le Petit Chaperon rouge* 17

Séquence n° 2 : Apprendre à raconter une histoire 24

❷ L'écrit

Séquence n° 1 : Écouter de l'écrit et comprendre 31

Séquence n° 2 : Produire des écrits autonomes 38

L'oral. Programmation annuelle. GS

<table>
<tr><th>Objectifs et éléments de progressivité</th><th>Période 1</th><th>Période 2</th><th>Période 3</th><th>Période 4</th><th>Période 5</th></tr>
<tr><td rowspan="2">Oser entrer en communication</td><td colspan="5">Communiquer avec les adultes et avec les autres enfants par le langage en se faisant comprendre.
Produire des énoncés de plus en plus complexes avec des prises de paroles plus longues, organisés entre eux avec cohérence et de plus en plus adaptés aux situations.</td></tr>
<tr><td colspan="5">Dire de mémoire et de manière expressive plusieurs comptines et poésies.</td></tr>
<tr><td>Comprendre et apprendre</td><td colspan="5">Reformuler pour se faire mieux comprendre.
Apprendre à raconter une histoire. Par exemple : La Grenouille à grande bouche*.
Reconnaître, rapprocher, catégoriser, contraster, se construire des images mentales à partir d'histoires fictives.
Relier des événements entendus dans des narrations ou des explications…</td></tr>
<tr><td>Échanger et réfléchir avec les autres</td><td colspan="5">S'exprimer dans un langage syntaxiquement correct et précis. Pratiquer divers usages du langage oral : raconter, décrire, évoquer, expliquer, questionner, proposer des solutions, discuter un point de vue.
Poser des questions.
Expliquer et réexpliquer pour que l'interlocuteur comprenne le message.
Décrire, à l'oral, un objet ou une image pour exercer les élèves à l'observation attentive et à l'ajustement du vocabulaire.
Accroître le vocabulaire : en mobilisant, par exemple, le langage autour d'un conte patrimonial*</td></tr>
<tr><td rowspan="2">Commencer à réfléchir sur la langue et acquérir une conscience phonologique</td><td colspan="5">Discriminer des sons, syllabes et phonèmes
Consolider la conscience syllabique et manipuler des syllabes.</td></tr>
<tr><td colspan="2"></td><td colspan="3">Acquérir une conscience phonémique (conscience de l'unité infra-syllabique et du phonème).</td></tr>
</table>

Indépendamment ou en complément des compétences transversales, certaines d'entre elles sont à mobiliser prioritairement durant des périodes spécifiques. Rien n'empêche toutefois de les anticiper voire de les poursuivre.

*Points développés dans l'ouvrage dans le cadre de séances

Mobiliser le langage dans toutes ses dimensions. L'écrit.
Programmation annuelle. GS

<table>
<tr><th>Objectifs et éléments de progressivité</th><th>Période 1</th><th>Période 2</th><th>Période 3</th><th>Période 4</th><th>Période 5</th></tr>
<tr><td>Écouter de l'écrit et comprendre</td><td colspan="5">Écouter des lectures à voix haute et commencer à en parler
Écouter des œuvres lues de la littérature de jeunesse et des textes informatifs présentant des obstacles à la compréhension.
Témoigner de sa compréhension* :
– autour des personnages de l'histoire, leurs aventures et leurs états mentaux ;
– autour des connaissances du monde (animaux, nature, habitat…).</td></tr>
<tr><td rowspan="5">Découvrir la fonction de l'écrit</td><td colspan="5">Comprendre que l'écrit transmet, donne ou rappelle des informations et fait imaginer
Au travers d'écrits courts, réalisés devant les enfants et transmis :</td></tr>
<tr><td colspan="4">Annoter les dessins, écrire les prénoms des enfants.
Noter les événements importants dans le calendrier, rédiger un pense-bête.</td><td></td></tr>
<tr><td></td><td colspan="4">Adresser un message aux familles, à un personnage fictif</td></tr>
<tr><td></td><td></td><td colspan="3">Écrire une lettre, envoyer un courriel et recevoir une réponse</td></tr>
<tr><td colspan="5">Au travers d'écrits courts imprimés utilisés et/ou transmis :
– les fiches comptines ;
– les informations du cahier de vie et du cahier de liaison.</td></tr>
<tr><td rowspan="2">Commencer à produire des écrits et en découvrir le fonctionnement</td><td colspan="5">En dictée à l'adulte, puis de manière autonome
En dictée à l'adulte, sur des productions de plus en plus longues :
Rédiger un message aux familles, réaliser un affichage avec des photos</td></tr>
<tr><td colspan="5">Écrire la suite d'une histoire, rédiger un courriel, une lettre
Écrire une histoire
De manière autonome : s'entraîner dans l'espace dédié et utiliser le cahier d'écrivain*</td></tr>
<tr><td>Découvrir le principe alphabétique</td><td colspan="5">Commencer à comprendre la relation entre une lettre et un son
Faire régulièrement entendre le son des lettres par le « bruitage » des mots et les jeux phoniques autour des rimes et des syllabes
Premiers essais d'écriture de mots puis, avec les enfants qui sont prêts, de phrases</td></tr>
<tr><td rowspan="3">Commencer à écrire tout seul</td><td colspan="5">Rencontrer régulièrement des mots dans les trois graphies (capitales, script, cursive)
Progresser vers l'écriture cursive</td></tr>
<tr><td colspan="4">Peinture au pinceau de plus en plus fin et exercices graphiques quotidiens</td><td></td></tr>
<tr><td colspan="5">Entraînements en cursive : prénoms et noms, avec puis sans modèle, copie</td></tr>
</table>

Indépendamment ou en complément des compétences transversales, certaines d'entre elles sont à mobiliser prioritairement durant des périodes spécifiques. Rien n'empêche toutefois de les anticiper voire de les poursuivre.

*Points développés dans l'ouvrage dans le cadre de séances

1

L'oral

Séquence n° 1 : Mobiliser le langage autour d'un conte patrimonial : *Le Petit Chaperon rouge* 17

Séance n° 1	Jeu du bouche-oreille	19
Séance n° 2	Jeu de loto	20
Séance n° 3	Les catégories : les champs lexicaux	21
Séance n° 4	Jeu des mots qui vont ensemble	22

Séquence n° 2 : Apprendre à raconter une histoire : *La Grenouille à grande bouche* 24

Séance n° 1	Identifier les personnages et leurs aliments	26
Séance n° 2	Jeu de la page envolée	27
Séance n° 3	Raconter l'histoire et rappel de récit	28

Virginie Lambadaris
Cyrielle Scicchitano

Séquence n° 1

Mobiliser le langage autour d'un conte patrimonial : *Le Petit Chaperon rouge*

- Séance n° 1 : **Jeu du bouche-oreille**
- Séance n° 2 : **Jeu de loto**
- Séance n° 3 : **Les catégories : les champs lexicaux**
- Séance n° 4 : **Jeu des mots qui vont ensemble**

Description de la séquence

Objectifs du domaine d'apprentissage

Comprendre et apprendre.

Attendus de fin de cycle

S'exprimer dans un langage syntaxiquement correct et précis. Reformuler pour se faire mieux comprendre.

Critères observables

- Endosser des postures de locuteur/interlocuteur : accepter les tours de parole, attendre pour prendre la parole ; écouter ses pairs.
- Savoir expliquer comment opérer en situation de réalisation.
- Nommer des propriétés, des qualités.
- Rapprocher par les points communs (éléments ou caractéristiques).
- Contraster par les points de différences (éléments ou caractéristiques).
- Classer, catégoriser en utilisant des termes génériques (fruits, légumes, véhicules...).
- Opposer des caractéristiques par l'utilisation de mots contraires.

Préparation organisationnelle, matérielle et spatiale de la classe

Organisation de la classe

La séance est à réaliser en groupe de 6 élèves maximum, en atelier dirigé.
Un groupe homogène est à privilégier.

Matériel

Séance n° 1

Aucun matériel nécessaire.

Séance n° 2

- Grilles de lotos avec 6-8 images par planche : yeux, galette, chaperon, oreille, loup, chaumière, chasseur, dent, pot de confiture, bras, lit, forêt, bouquet de fleurs, panier, Mère-Grand...
- Images des grilles de loto réalisées en double et découpées.
- Jetons.

Séance n° 3

- Les cartes catégories peuvent être illustrées d'une image ayant trait au conte :
  - les animaux féroces (image de loup) :
  - les couleurs (image du Chaperon rouge) ;
  - les fleurs (image du bouquet de fleurs que cueille le Petit Chaperon rouge) ;
  - les pâtisseries (image de la galette qu'apporte le Petit Chaperon rouge à Mère-Grand) ;
  - les habitations (image de la chaumière où habite Mère-Grand) ;
  - les parties du visage (image des yeux de Mère-Grand) ;
  - les vêtements (image du chaperon de la petite fille) ;
  - les animaux de la forêt (image de la forêt) ;
  - la chambre (image du lit de Mère-Grand).
- Des jetons pour compter les points.
- Un sablier.

Séance n° 4

- Plateau de jeu
- Cartes-mots
- Un pion par équipe

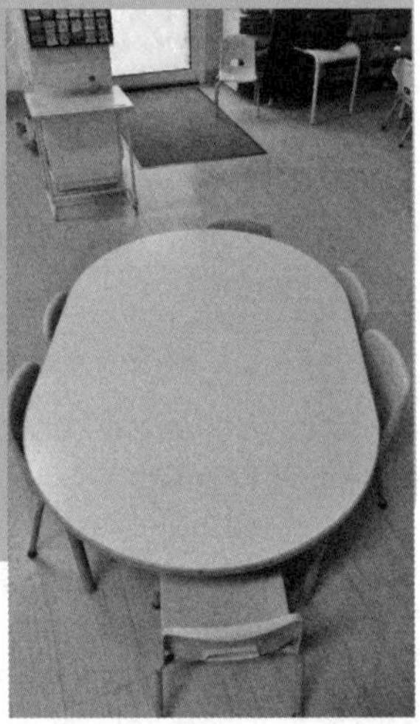

Pour les séances de langage, une table ronde ou ovale est à privilégier pour une meilleure circulation de paroles.

Séance n° 1
Jeu du bouche-oreille

Description de la séance

15 à 20 minutes.

Étape 1. Lecture du conte du *Petit Chaperon rouge*

Les mots de vocabulaire qui pourront poser problème (par exemple : « Chaperon, bûcheron, recommandations, chevillette, bobinette, adorable, ricaner ... ») seront expliqués en amont de la lecture, soit en présentant l'image du mot, soit en les faisant mimer.

Étape 2. Jeu du téléphone pour apprendre à prononcer des mots de l'histoire

- Former 2 équipes avec les groupes d'élèves.
- L'enseignant communique un mot au premier joueur de chaque équipe.
- Le premier joueur le dit (pas trop fort) à l'oreille du suivant en articulant le mieux possible. Le mot passe d'élève en élève jusqu'au dernier qui lève le bras quand il a reçu le mot.

Rôle de l'enseignant

- Il vérifie si le mot arrivé jusqu'au dernier enfant correspond au mot initial.
- Pour l'évaluation, l'enseignant passera d'enfant en enfant pour s'assurer qu'ils prononcent le mot correctement.

Observables comme outils d'évaluation positive

Nommer :

- des objets, du matériel, des matériaux, des personnes, des rôles ;
- des actions, des gestes.

Séance n° 2
Jeu de loto

Description de la séance

20 à 30 minutes.

Étape 1. Mise en situation

• Présenter la situation aux enfants : « Aujourd'hui nous allons jouer au jeu de loto. »
• L'enseignant distribue alors les grilles de loto et place un jeu de pioche au milieu de la table. Il dispose également les jetons sur la table.
• Il demande aux enfants ce qu'ils voient sur leur grille. Il attend des élèves qu'ils nomment les images.

Étape 2. Explication du jeu et jeu en atelier

L'enseignant expliquera le jeu en se montrant en train de jouer.
• L'émetteur pioche une image et la nomme. L'enseignant tient ce rôle en premier, puis ce seront les élèves à tour de rôle.
• Les récepteurs posent un pion sur l'image correspondante. Chaque enfant aura les rôles d'émetteur et de récepteur.
• La validation s'effectuera par comparaison.

Étape 3. Jeu en binômes

On peut ensuite former des groupes de deux : un émetteur et un récepteur, et les élèves jouent deux par deux. L'émetteur tire une carte et décrit sa carte au récepteur, en face de lui. Ce dernier choisit l'image demandée parmi celles placées devant lui. C'est l'émetteur qui validera la réponse, par comparaison. Tour à tour, l'émetteur deviendra récepteur.

Rôle de l'enseignant

Il doit s'assurer que les enfants ont compris la règle du jeu et vérifier que l'enfant est capable d'associer le mot au bon objet. En cas de difficulté d'un enfant à oraliser, veiller à énoncer le mot correctement (modélisation) et à le lui faire répéter.

Observable comme outil d'évaluation positive

L'enseignant évalue l'émetteur.

Variables didactiques

Pour des enfants très petits parleurs, l'enseignant pourra ne proposer que des grilles avec 4 objets. Pour complexifier le jeu, on pourra, dans une autre séance, proposer des grilles avec plus de mots de vocabulaire.

Séance n° 3
Les catégories : les champs lexicaux

Description de la séance

20 minutes à 30 minutes.

Étape 1. Présentation du jeu

- Introduction de la séance : « Aujourd'hui nous allons jouer à un nouveau jeu. »
- Présentation des différentes cartes catégories (*cf.* matériel).
- Ces cartes sont étalées et retournées au milieu de la table, faces cachées.

Étape 2. Déroulement

- 3 équipes de 2 joueurs.
- La première équipe pioche une carte et commente l'illustration en la nommant (exemple : le loup). L'enseignant lit la catégorie qui est inscrite sur la carte (« animaux féroces »), et un enfant retourne le sablier.

Exemples de cartes-catégories

Animaux féroces

Les couleurs

La forêt

La chambre

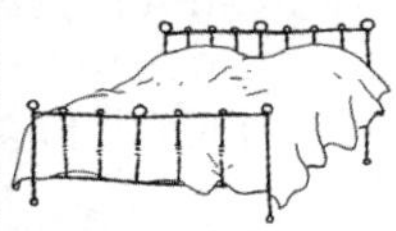

- L'équipe interrogée propose alors le maximum de mots sur la catégorie imposée. L'enseignant note les mots énoncés.
- Lorsque le temps est écoulé, l'enseignant énonce le nombre de mots corrects donnés par l'équipe et donne aux enfants le nombre de jetons correspondant.
- La partie s'achève après un certain nombre de tours de table. On comptabilise alors le nombre de jetons gagnés. C'est l'équipe qui a le plus de jetons qui a gagné.

Rôle de l'enseignant

Il peut compléter les propositions des élèves, les discuter...

Observables comme outils d'évaluation positive

L'enfant prend part à l'activité proposée. Il participe à la tâche langagière en répétant et catégorise correctement en rapprochant des points communs ou en opposant des caractéristiques.

Séance n° 4
Jeu des mots qui vont ensemble

Description de la séance

20 minutes à 30 minutes.

Étape 1. Matériel

• Plateau de jeu :

									Maison de Mère-Grand

• Cartes-mots : malade, fatigué, galette, méchant, forêt, adorable, beaucoup, se coucher, chaumière, chambre…

Exemples de cartes

malade	**fatigué**	**galette**	**méchant**

Étape 2. Déroulement

• 3 équipes de 2 joueurs.
• Une pioche est constituée de cartes-mots.
• L'enseignant demande aux enfants : « Vous allez me donner des mots qui vont avec ce mot-là (exemple : malade). La première équipe pioche une carte. L'enseignant lit le mot. L'équipe doit proposer des mots qui vont ensemble (possibilité d'introduire un sablier). (Exemples : enrhumé, grippé…).

Aide pour l'enseignant

Carte-mot	Exemples de mots qui vont ensemble
malade	enrhumé, grippé…
fatigué	épuisé, exténué…
galette	gâteau, sablé, pâtisserie…

méchant	féroce, agressif, mauvais, malveillant…
forêt	bois, arbre…
adorable	gentil, charmant…
beaucoup	nombreux, énormément…
se coucher	se mettre au lit, aller dormir…
chaumière	maison, demeure, chalet, habitation…
chambre	lit, table de chevet…

• Si l'équipe réussit, elle avance son pion d'une case. Si non, le pion reste où il est.

• Ensuite, l'équipe suivante joue, et ainsi de suite. La première équipe arrivée à la maison gagne la partie.

Rôle de l'enseignant

Il doit porter une attention particulière au moment de la validation.

Observable comme outil d'évaluation positive

L'enseignant évalue le ou les émetteurs.

Variables didactiques

Pour complexifier le jeu, les enfants pourront donner un synonyme sur les cases blanches et un antonyme sur les cases grises.

Prolongement de la séquence

Transfert de compétences

Les mêmes activités peuvent être réalisées avec d'autres contes du patrimoine.

Rappel de récit

Raconter l'histoire.

Tâche langagière

Faire intervenir et parler son personnage en respectant le scénario de l'histoire.

• L'activité de rappel de récit facilite les apprentissages lexicaux. Ainsi faut-il inciter les enfants à utiliser, et donc à fixer, les nouveaux termes étudiés.

• La multiplication de tâches de rappel oral de récits oblige les élèves à :
- planifier leur discours (à organiser leurs idées) ;
- soigner leur mise en mots (lexique et syntaxe) ;
- mémoriser les informations importantes ;
- assurer la cohérence textuelle (désignation des personnages, place du narrateur, reprises anaphoriques…).

Séquence n° 2

Apprendre à raconter une histoire : *La Grenouille à grande bouche* de Francine Vidal

- Séance n° 1 : **Identifier les personnages et leurs aliments**
- Séance n° 2 : **Jeu de la page envolée**
- Séance n° 3 : **Raconter l'histoire et rappel de récit**

Description de la séquence

Objectifs du domaine d'apprentissage

Jouer une histoire et la raconter.

Attendus de fin de cycle

Pratiquer divers usages du langage oral : raconter, décrire, évoquer, expliquer, questionner, proposer des solutions, discuter un point de vue.

Critères observables

- Raconter des actions vécues par le personnage central en manipulant le matériel à disposition : marottes + décor, ou en tournant les pages de l'album.
- Raconter en faisant parler les personnages en utilisant des marottes.
- Alterner récit et dialogues en introduisant correctement les dialogues et en nommant la personne/personnage qu'il fait parler.
- Enchaîner les actions et les émotions des personnages pour retracer tout le scénario et l'intrigue de l'histoire.
- Utiliser le système des temps approprié : imparfait, passé simple (« il prendit, il prenda... » comme l'expriment maladroitement les enfants de maternelle qui perçoivent implicitement la nécessité d'utiliser le passé simple.) dans le récit.
- Enchaîner judicieusement les phrases avec des connecteurs adaptés et variés (les noter).

Préparation organisationnelle, matérielle et spatiale de la classe

Organisation de la classe

- La séquence est à réaliser en groupe de 6 élèves, maximum.
- Le groupe hétérogène est à privilégier.

Matériel

Séance n° 1

- Album.
- Référents personnages de l'histoire : « grenouille, tamanoir, girafe, rhinocéros, toucan, tigre, crocodile ».
- Référents aliments de l'histoire : « mouche, fourmi, feuille, herbe, asticots, gazelle, grenouille à grande bouche ».

Séance n° 2

- Album.
- Photocopies des illustrations des différentes rencontres de l'histoire.

Séance n° 3

- Marionnettes-bâtons (personnages de l'histoire et fond de l'histoire).
- Raconte-tapis + personnages de l'histoire.
- TBI éventuellement.

Aménagement et/ou utilisation de l'espace

Pour les séances de langage, une table ronde ou ovale est à privilégier pour la meilleure circulation de la parole.

Conseils pour LIRE un album

• Lire tous les mots de l'histoire (ne rien changer au texte écrit) pour garantir la pérennisation de l'écrit.

• Ne pas interrompre la lecture pour laisser se construire des images mentales de l'histoire, se faire le film dans la tête et ne pas montrer les illustrations.

• Pour une écoute optimale de la part des enfants, une distance de la longueur d'un bras tendu entre le lecteur et l'enfant doit être assurée.

• LA LECTURE EN GRAND GROUPE N'EST PAS ADAPTÉE À L'ÂGE DES ENFANTS DE MATERNELLE.

• Installer confortablement les enfants : tous assis au même niveau, avec un dossier, éviter les places assises au sol.

Séance n° 1
Identifier les personnages et leurs aliments

Description de la séance

20 à 30 minutes.

Étape 1

• Donner le titre de l'album choisi en annonçant l'objectif.
• **Lire** l'album sans montrer les images (possibilité de faire écouter au casque l'histoire au préalable.) Les enfants doivent écouter l'histoire attentivement en essayant de repérer les personnages de l'histoire. L'enseignant explicitera l'activité : « Je vais vous lire une histoire, et vous, vous allez m'écouter sans m'interrompre ; quand j'aurai fini, vous me direz quels sont les personnages de l'histoire et ce qu'ils mangent. »

Étape 2

Inviter les enfants à reformuler ce qu'ils ont compris de l'histoire et à lister les personnages qu'ils ont relevés dans l'histoire. Écrire toutes les propositions, même les fausses.

Étape 3

• Deuxième lecture qui va permettre de valider ou d'invalider les propositions.
• Afficher, au tableau, les cartes-référents des personnages présents dans l'histoire au fur et à mesure de leur validation.

Étape 4

• Procéder de la même façon qu'aux étapes 2 et 3 avec les aliments que mangent chacun des personnages.

Rôle de l'enseignant

• Pendant la lecture, l'enseignant adopte une lecture expressive.
• Puis il valide ou invalide les propositions des élèves

Observables comme outils d'évaluation positive

• Écouter attentivement une lecture.
• Associer un nom et son personnage.

Trace écrite

Les cartes-référents des personnages avec les cartes-aliments correspondant qui auront été affichées dans l'ordre de l'histoire, au fur et à mesure de leur énonciation.

Séance n° 2
Jeu de la page envolée

Description de la séance

20 à 30 minutes.

Étape 1.

• L'enseignant explique aux élèves la situation : « J'ai photocopié les illustrations des différentes rencontres de l'album, mais il y a eu un énorme coup de vent et toutes les pages se sont mélangées. Vous allez m'aider à reconstituer l'histoire. »
• Pour ce faire, chaque enfant choisira une illustration.

Étape 2

• L'enseignant demande aux enfants : « Qui croit avoir la première page du livre et pourquoi ? Les enfants doivent justifier leur réponse : « Je crois que c'est moi parce que… »
• Les pages, au fur et à mesure de leur justification, sont affichées au tableau, dans l'ordre.

Étape 3

Les élèves, une fois ce travail réalisé, essaient de raconter l'histoire en s'aidant des illustrations accrochées au tableau.

Rôle de l'enseignant

• Il enchaîne judicieusement les phrases avec des connecteurs adaptés et variés (« d'abord, puis, ensuite, après, …, pour finir… »).
• Il fait valider ou invalider le groupe sur les propositions des enfants et gère les échanges.

Observables comme outils d'évaluation positive

• Participer à la régulation de l'avancée du propos du groupe par des formules comme « On l'a déjà dit… ».
• Coopérer en complétant, en ajoutant des éléments, en s'opposant aux propos de ses pairs.
• Récapituler ce qui vient d'être dit à la demande de l'enseignant.

Trace écrite

Mise en ordre des illustrations de l'histoire gardées en mémoire dans la classe.

Séance n° 3 Raconter l'histoire et rappel de récit

Description de la séance

20 à 30 minutes.

Étape 1. Raconter l'histoire

• Contextualisation de l'album lu à la première séance : « Vous vous souvenez : je vous ai lu l'album de *La Grenouille à grande bouche*. Aujourd'hui je vais vous le raconter. Raconter ça veut dire que mon livre est fermé et que je ne lis pas l'histoire qui est écrite. »
• Conseils à l'enseignant pour bien RACONTER (sans le livre).
– Ne pas « réciter » l'histoire, mais l'enrichir pour favoriser la compréhension.
– Le débit doit être adapté : plus lent que dans la conversation.
– Reformuler (paraphraser) des idées du texte en employant un lexique (mots et expressions) adapté aux capacités de compréhension des jeunes enfants.
– Traduire des tournures syntaxiques.
– Expliquer tous les implicites en remplissant tous les « blancs » laissés par l'auteur, y compris les états mentaux des différents personnages.
– Multiplier les aides : mimes, gestes, jeux sur les intonations, bruitages...

Étape 2. Rappel de récit : raconter en produisant les dialogues des personnages

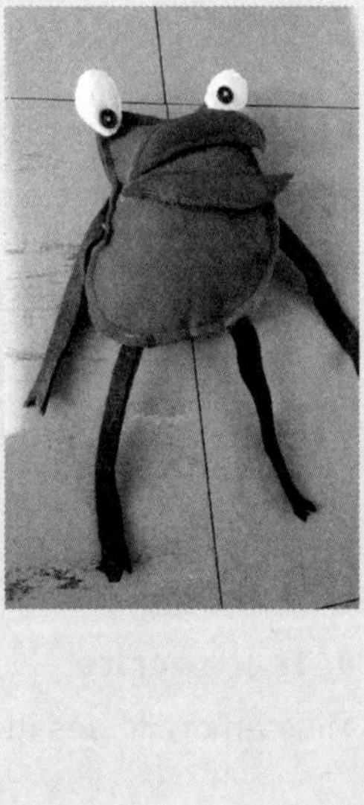

• Tâche langagière : faire intervenir et parler son personnage en respectant le scénario de l'histoire.
• L'activité de rappel de récit facilite les apprentissages lexicaux. Ainsi faut-il inciter les enfants à utiliser, et donc à fixer, les nouveaux termes étudiés.
• La multiplication de tâches de rappel oral de récits oblige les élèves à :
– planifier leur discours (à organiser leurs idées) ;
– soigner leur mise en mots (lexique et syntaxe) ;
– mémoriser les informations importantes ;
– assurer la cohérence textuelle (désignation des personnages, place du narrateur, reprises anaphoriques...).

Déroulé de la séance

- Présentation des marionnettes ou personnages du raconte-tapis. « Vous les reconnaissez, qui sont-ils ? » Les enfants nomment les personnages les uns après les autres, ainsi que les aliments.
- Explication de l'activité : « Vous allez apprendre à raconter l'histoire et vous allez choisir votre personnage. »
- Faire raconter l'histoire aux enfants à l'aide de marionnettes-bâtons (ou d'un raconte-tapis) : L'enseignant commence à raconter le début de l'histoire et, à tour de rôle, les enfants vont faire parler leur personnage. Pour cela, l'enseignant introduit les dialogues (Exemple : « Arrive alors la grenouille qui dit..., qui demande..., qui répond... »).

- On pourrait aussi se servir d'un « raconte-histoire » mural : feuille format raisin sur lequel est reproduit le fond de l'histoire, sur lequel on retrouve la mare, la forêt, la montagne et le ciel et sur lequel on vient scratcher les personnages au fur et à mesure de leur rencontre.
- On peut également faire la même chose avec un TBI : image du fond de l'histoire et personnages à part, que l'on peut déplacer au doigt ou au stylet pour raconter les difficultés rencontrées.

Prolongement de la séquence

Transfert de compétences

Mobiliser le langage dans toutes ses dimensions : l'écrit

- **Dictée à l'adulte** : « Vous allez me raconter l'histoire de *La Grenouille à grande bouche*. Moi, je vais l'écrire. »
- **Inventer un nouvel épisode de l'histoire** : un autre personnage qui est rencontré avec ce qu'il mange.

Ouverture vers une autre discipline

Agir, s'exprimer, comprendre à travers les activités artistiques

- Musique : On attribue à chaque personnage un instrument de musique (maracas, claves, cloche...). L'histoire est racontée par l'enseignant et, à chaque évocation de personnage, l'instrument est agité. Un enfant prendra ensuite la narration.
- Arts : Réaliser le « raconte-histoire » mural en créant un fond plastique représentant l'album et des personnages afin de permettre aux enfants de raconter l'histoire.

2

L'écrit

Séquence n° 1 : Écouter de l'écrit et comprendre 31

Séance n° 1 *Cornebidouille* 33

Séance n° 2 Un réseau autour des sorcières 36

Séquence n° 2 : Produire des écrits autonomes 38

Séance filée n° 1 Aménager un espace écriture 39

Séance filée n° 2 Le cahier d'écrivain 41

Virginie Lambadaris

Cyrielle Scicchitano

Séquence n° 1

Écouter de l'écrit et comprendre

- Séance n° 1 : *Cornebidouille*[1]
- Séance n° 2 : **Un réseau autour des sorcières**

Description de la séquence

Objectifs du domaine d'apprentissage

- Offrir aux enfants une fréquentation de la langue de l'écrit.
- Les habituer à la réception de langage écrit afin d'en comprendre le contenu.

Attendus de fin de cycle

- Comprendre des textes écrits sans autre aide que le langage entendu.
- Manifester de la curiosité par rapport à l'écrit. Pouvoir redire les mots d'une phrase écrite après sa lecture par l'adulte, les mots du titre connu d'un livre ou d'un texte.

Critères observables

- L'enfant commence à raconter, avec ses propres mots, l'histoire des personnages de fiction rencontrés dans les albums découverts en classe.
- L'enfant garde en mémoire les albums étudiés.

Objectifs langagiers

- **Acquérir** du vocabulaire.
- Le **mémoriser**.
- Pratiquer divers usages du langage oral : **raconter, décrire, expliquer, discuter un point de vue**.

Préparation organisationnelle, matérielle et spatiale de la classe

Organisation de la classe

Petit groupe d'élèves et/ou groupe classe, en fonction des situations.

1. Magali Bonniol, Pierre Bertrand, *Cornebidouille*, Les lutins de l'école des loisirs, Paris, 2003.

Matériel

Séance n° 1

Pour la séance 1, autour de l'album *Cornebidouille* :

- Un décor fabriqué à partir des illustrations de l'album.
- Les deux personnages principaux reproduits, plastifiés et collés sur des bouchons et/ou bâtonnets afin qu'ils puissent tenir debout.
- Des cartes illustrées permettant de se souvenir de quelques expressions utilisées par Pierre.
- Quelques accessoires du coin déguisement : un chapeau de sorcière, un nez crochu, un pyjama, des chaussettes, etc.

Aménagement et/ou utilisation de l'espace

Aucun aménagement spécifique.

Séance n° 1
Cornebidouille

Description de la séance

20 à 30 minutes par étape.

Étape 1. **Découverte**

L'enseignant présente l'album *Cornebidouille* aux enfants : le montrer, donner le nom de l'auteur, de l'illustrateur, etc. Il **ne le lit pas** mais va commencer par **raconter l'histoire** de Cornebidouille aux enfants à l'aide d'un décor et des personnages principaux tirés de l'album.

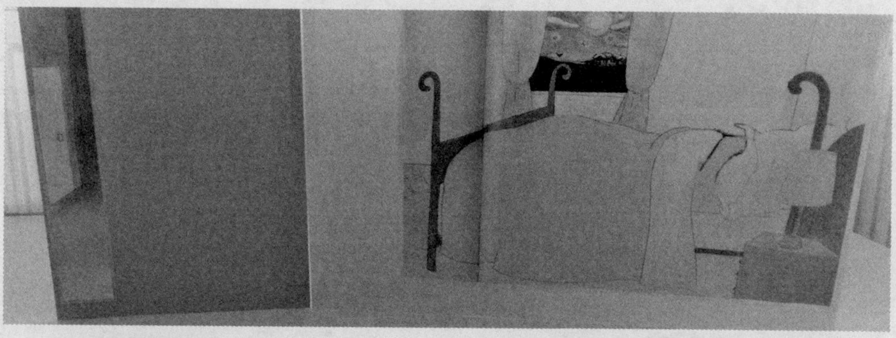

[Les illustrations, tirées de l'album, plastifiées puis collées sur du papier cartonné.]

[Personnages principaux plastifiés puis collés sur des bouchons et bâtonnets.]

Photographies: Cyrielle Scicchitano

L'enseignant utilise également des cartes illustrées qui permettront aux enfants de se rappeler quelques expressions utilisées par Pierre pour fâcher Cornebidouille[1] :

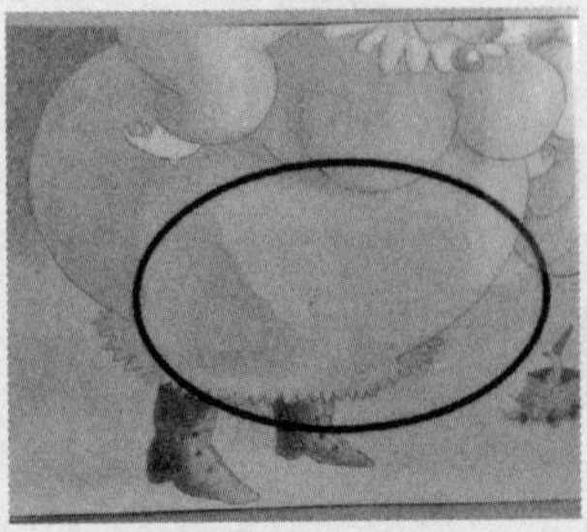

« gros bidon »

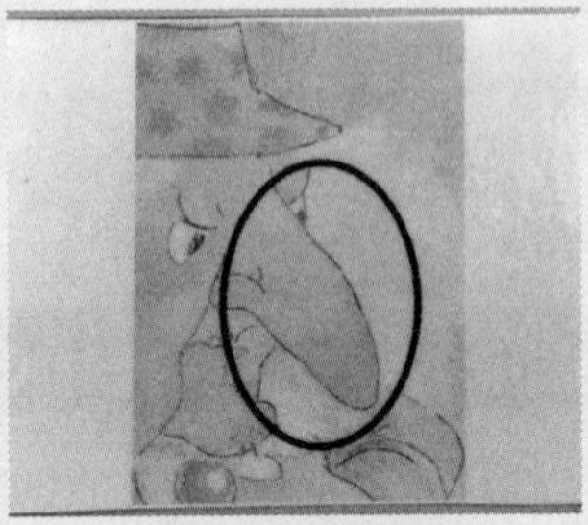

« nez en tire-bouchon »

sentir le « gruyère »
et « le vieux camembert »

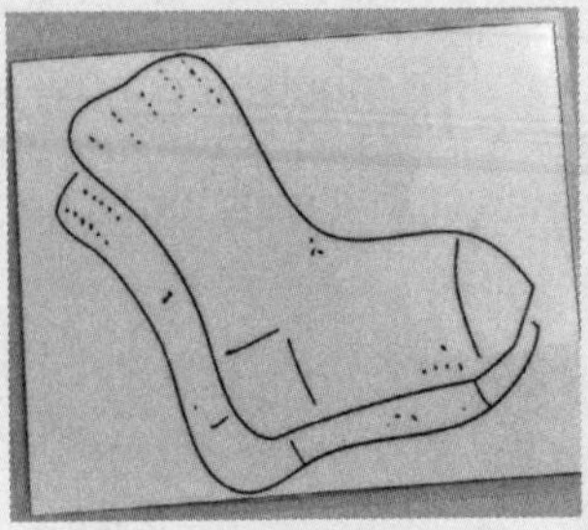

sentir « les chaussettes
de mon père »

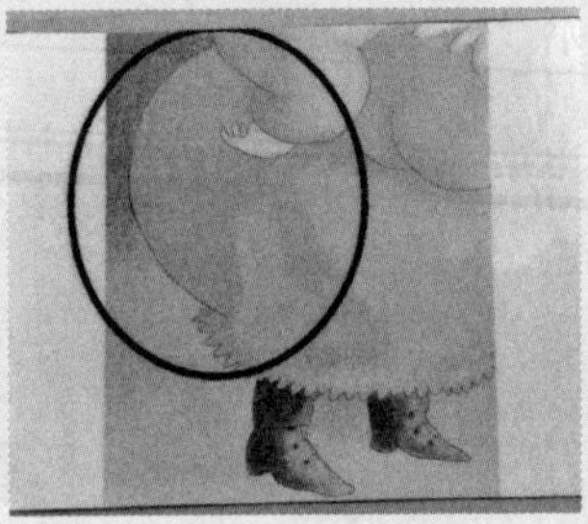

« gros derrière »

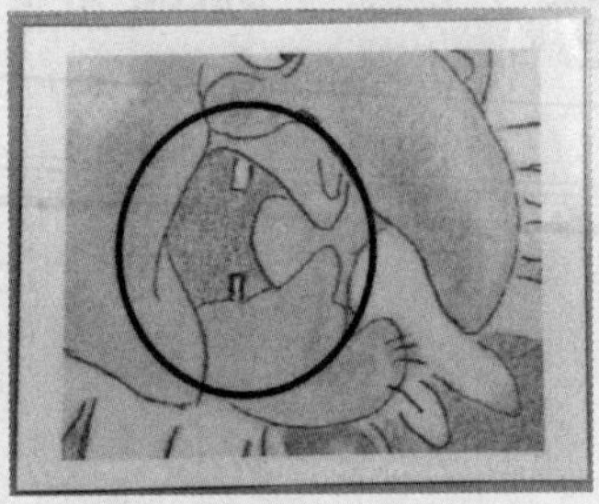

« langue de vieille vipère »

À la suite de cette première étape, le matériel et l'album sont laissés à disposition des enfants, qui peuvent ainsi commencer à le réinvestir, en atelier ou durant le temps d'accueil du matin par exemple, et **raconter l'histoire** à leur tour.

1. Les illustrations sont tirées de l'album ou du site « Clic images » (images libres de droits). http://www.cndp.fr/crdp-dijon/-Clic-images-.html

Étape 2. Compréhension

En salle de motricité, à l'aide de quelques accessoires de déguisement (*cf.* liste du matériel) et des cartes illustrées, les enfants s'entraînent à **« jouer » l'histoire** à plusieurs reprises.

Étape 3. Lecture

Enfin, l'enseignant va lire l'album :
- simplement le montrer dans un premier temps en tournant les pages. On laisse ainsi la possibilité aux enfants de raconter, de commenter, forts de tout ce qu'ils ont vécu précédemment ;
- lecture du texte tel que l'auteur l'a écrit.

Rôle de l'enseignant

- Instaurer un climat serein et propice à ce travail de compréhension : concentration, écoute mutuelle.
- Insister sur les événements « clés » de l'histoire.
- Éclaircir certains points.
- Questionner pour faire rectifier les éventuelles erreurs d'interprétation.

Observables comme outils d'évaluation positive

- L'enfant manipule le matériel laissé à sa disposition et commence à raconter l'histoire.
- L'enfant réinvestit le vocabulaire précis employé durant les séances de travail.

Traces

Garder trace des albums lus en classe à l'aide des premières de couverture photocopiées, plastifiées et ordonnées (chronologiquement) dans un espace réservé de la classe (espace lecture, coin regroupement pour les temps de langage par exemple) permet d'aider à la mise en mémoire des textes.

Variables didactiques

L'enseignant regroupera, durant un temps d'atelier, les enfants en difficultés le cas échéant. Cela lui permettra de retravailler la compréhension avec eux en amont et/ou aval des séances avec l'ensemble du groupe.

Séance n° 2
Un réseau autour des sorcières

Description de la séance

À définir en fonction des modalités de découverte des textes

Étape 1 (hors temps de classe). **Sélectionner des albums**

La mise en réseau va permettre de **nourrir la culture de l'élève**.

Il existe différents types de réseaux littéraires. Il s'agit ici de travailler autour d'un **personnage stéréotypé** : la sorcière. L'objectif est de faire découvrir aux enfants les caractéristiques de ce personnage au travers des contes du patrimoine et de la littérature de jeunesse.

Voici, par exemple, quelques ouvrages permettant de constituer un tel réseau :
– *Hansel et Gretel* (différentes versions)
– *Ah ! Les bonnes soupes*, Claude Boujon
– *Vèzmô la sorcière*, Geoffroy de Pennart
– *Philomène*, Anne Wilsdorf
– *Trois sorcières*, Grégoire Solotareff

Étape 2. **Définir les modalités d'étude et de découverte des textes**

Le but étant de construire une culture commune dans la classe autour de la sorcière, il n'est pas nécessaire de travailler toutes les œuvres du réseau choisi dans leur intégralité.

L'enseignant définit donc la façon dont il va aborder les différents ouvrages :
– dans leur intégralité (*cf.* séance 1) ;
– sous forme d'extraits sélectionnés (texte + illustrations) ;
– sous forme de document (carte mentale élaborée par les élèves de cycle 2 de l'école élémentaire par exemple).

Étape 3. **Formalisation**

Le réseau, les connaissances qu'il va apporter, vont fonctionner comme un « moteur » d'anticipation et de déduction, et ainsi permettre une compréhension beaucoup plus fine des textes, et notamment ici des personnages, de leurs états mentaux, intentions et réactions. Il convient donc de garder une trace des différents œuvres rencontrées et des liens et rapprochements entre ces œuvres.

Ces traces pourront prendre diverses formes :
– dessins annotés des enfants ;
– affichages avec photographies, illustrations ;
– …

Rôle de l'enseignant

- Construire la culture commune de la classe
- Mettre en lumière les similitudes
- Favoriser les liens et rapprochements par un choix d'albums efficace

Observables comme outils d'évaluation positive

- L'enfant, lors de la découverte d'un nouvel album, est capable d'anticiper sur les intentions, sentiments, réactions de la sorcière.
- L'enfant est capable, en dessinant, de mettre en lumière les caractéristiques physiques principales de la sorcière.

Variables didactiques

Comme précisé pour la première séance, l'enseignant regroupera, durant un temps d'atelier, les enfants en difficultés afin de retravailler la compréhension avec eux en amont et/ou aval des séances avec l'ensemble du groupe.

Prolongement de la séquence

Ouverture vers une autre discipline

- Activités artistiques : travailler autour de la peur (photographier les enfants).
- Explorer le monde : faire de la soupe de sorcière.
- Produire des écrits : écrire la recette de la soupe réalisée, avec photographies à l'appui, pour le cahier de vie, les familles, les enfants des autres classes, etc.

Transfert de compétences

Réinvestir le vocabulaire rencontré dans la cadre de la lecture-compréhension dans des jeux de loto, de memory, pour inventer d'autres histoires, etc.

Lien avec le socle commun

On travaille ici le premier domaine du socle commun de connaissances, de compétences et de culture[1] : les langages pour penser et communiquer. Ce domaine implique, entre autres, la maîtrise des règles et des codes de l'écrit afin de permettre à chaque enfant de « comprendre, s'exprimer en utilisant la langue française à l'oral et à l'écrit » (compétence 1).

1. *Bulletin officiel* n° 17 du 23 avril 2015.

Séquence n° 2

Produire des écrits autonomes

- Séance filée n° 1 : **Aménager un espace écriture**
- Séance filée n° 2 : **Le cahier d'écrivain**

Description de la séquence

Objectifs du domaine d'apprentissage

- Recourir à différentes stratégies pour écrire de nouveaux mots
- Commencer à comprendre la fonction et le fonctionnement de l'écriture

Attendus de fin de cycle

- Manifester de la curiosité par rapport à l'écrit
- Écrire seul un mot en utilisant des lettres ou groupes de lettres empruntés aux mots connus

Critères observables

Les enfants recourent à différentes démarches et stratégies pour essayer d'écrire des mots nouveaux.

Objectifs langagiers

- Oser entrer en communication avec les adultes de la classe et les autres enfants
- Acquérir du vocabulaire

Préparation organisationnelle, matérielle et spatiale de la classe

Organisation de la classe

Petit effectif ou relation duelle

Matériel

Un petit cahier à pages blanches pour chaque enfant

Aménagement et/ou utilisation de l'espace

Aménagement d'un espace écriture dans la classe

Séance filée n° 1
Aménager un espace écriture

Description de la séance

15 à 20 minutes.

Étape 1 (hors temps de classe). Aménager un espace « écriture »

L'enseignant pourrait faire le choix d'installer et de désinstaller chaque jour le matériel nécessaire, mais le fait de mettre en place un espace écriture spécifiquement dédié aux activités de graphisme, d'écriture, de reproduction de mots, de copie, de productions d'écrits, etc. restant à disposition des élèves apporte de nombreux avantages :
- l'anticipation des enfants sur ce qui va être attendu d'eux, et notamment en termes de posture, d'outils à mobiliser, de type de réponse à apporter ;
- la possibilité pour les enfants de fréquenter cet espace en dehors des temps d'atelier prévus par l'enseignant : essais, erreurs, réussites... ;
- la multiplication et la fréquence des situations.

Cet espace peut être aménagé avec une simple table et plusieurs chaises, mais il devra être organisé autour d'un espace avec tableau ou au moins possibilité d'affichage et rassembler le matériel spécifique, qui restera à disposition des enfants.

Étape 2. Faire vivre cet espace

De manière à ce que les enfants fréquentent spontanément cet espace, il est important que l'enseignant le fasse vivre en l'alimentant régulièrement :
- avec du matériel adapté, des photos ;
- avec des traces des écrits des enfants, de leurs découvertes, des photos d'eux en activité sur lesquelles le groupe est revenu ;
- en y organisant des activités motivantes ;
- en y proposant des « lanceurs » d'écriture ;
- …

Rôle de l'enseignant

- Faire vivre l'espace écriture (*cf.* ci-dessus).
- Accompagner régulièrement les enfants de manière individuelle (sur le temps de l'accueil par exemple) et reprendre leurs productions, les annoter, les commenter.

Observables comme outils d'évaluation positive

- L'enfant fréquente l'espace écriture spontanément et régulièrement.
- Il recourt à différentes démarches et stratégies pour essayer d'écrire de nouveaux mots :
  - recopier des morceaux pris à d'autres mots ;
  - tracer des lettres dont le son se trouve dans le mot à écrire ;
  - « bruiter »[1] les mots à encoder ;
  - attribuer à des lettres la valeur phonique de leur nom.

1. Mireille Brigaudiot, *Langage et école maternelle*, Hatier, Paris, 2015.

Séance filée n° 2
Le cahier d'écrivain

Description de la séance

20 à 30 minutes.

Étape 1. **Mise en route**

Il est intéressant que cela se fasse, en concertation avec toute l'équipe, **dès la petite section**.

Le cahier d'écrivain contiendra des dessins, des tracés, des écrits, c'est pourquoi le choix de **pages blanches** semble être adapté. De plus l'écriture essayée étant une activité très mobilisante, il convient de ne pas placer les enfants en situation de surcharge cognitive en leur demandant d'écrire sur une ligne.

Le choix d'un cahier plutôt que de feuilles volantes se justifie par la possibilité :
- de revenir avec les enfants sur leurs progrès et réussites ;
- de montrer ces progrès aux familles ;
- pour l'enseignant, d'évaluer où se situe chaque enfant dans la découverte du principe alphabétique.

Étape 2. **Des lanceurs d'écriture**

De manière régulière, l'enseignant propose des situations motivantes et adaptées afin qu'ils puissent tous essayer d'écrire :
- dessiner l'exploit réalisé lors de la séance de natation et l'écrire sous le dessin ;
- revenir sur un moment vécu avec le groupe classe : écrire ce que l'on a aimé manger lors de la dégustation de fruits organisée dans le cadre de la Semaine du goût ;
- coller la photo d'un événement survenu dans la classe (arrivée d'un animal, accueil d'un nouvel élève, anniversaire d'un enfant, etc.) et écrire un court commentaire dessous.

Rôle de l'enseignant

Se rendre très régulièrement à l'espace écriture pour :
- prendre des notes sur les démarches et stratégies mises en œuvre par les enfants (a d'abord regardé les autres faire, ordre des lettres aléatoire ou non, a été chercher des morceaux dans les mots de la classe, etc.) ;
- valoriser les essais des enfants, quels qu'ils soient ;
- lire les productions réalisées, en présence de l'enfant et les commenter : « Je n'arrive pas encore à lire ce que tu as écrit », « C'est bien tu as tracé des lettres, mais je ne peux

pas encore lire », « Là tu as écrit « a – a » et c'est vrai que dans « banane » on entend deux fois le son [a] », etc. ;
– écrire, devant l'enfant, sous sa production et de manière « normée », ce qu'il souhaitait initialement écrire ;
– mettre en lumière, ce faisant, la manière de procéder : découper chaque mot en syllabes, isoler les phonèmes, écrire les lettres correspondantes.

Observables comme outils d'évaluation positive

- L'enfant essaie d'écrire.
- L'enfant écrit ou trace dans son cahier d'écrivain, même sans demande de l'enseignant.

Traces

Toutes les productions des enfants, consignées dans le cahier, constituent des traces de leur évolution et de leurs progrès.

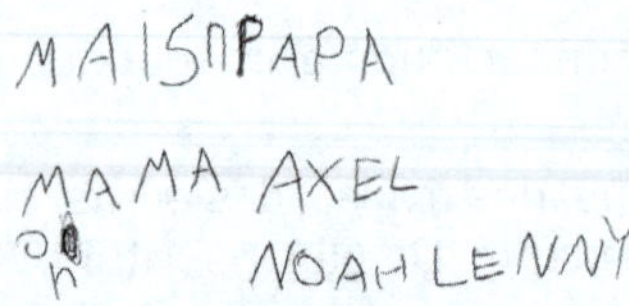

« Papa est au boulot et maman est à la maison »

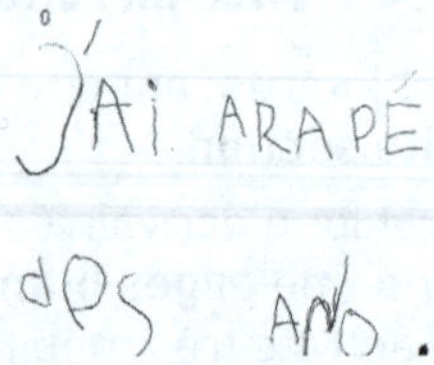

« J'ai attrapé des anneaux. »

« À Noël, j'ai eu une cuisine et un appareil photo. »

« J'ai mangé un steak avec maman. »

Prolongement de la séquence

Ouverture vers une autre discipline

Les essais d'écriture peuvent évidemment être pratiqués sur d'autres supports. Le cahier de sciences dans lequel sont dessinées les expériences réalisées est, par exemple, un excellent lanceur d'écriture (motivation importante des enfants).

Transfert de compétences

Les compétences acquises visent une écriture autonome.

Lien avec le socle commun

On travaille ici le premier domaine du socle commun de connaissances, de compétences et de culture[1] : les langages pour penser et communiquer. Ce domaine implique, entre autres, la maîtrise des règles et des codes de l'écrit afin de permettre à chaque enfant de « comprendre, s'exprimer en utilisant la langue française à l'oral et à l'écrit » (compétence 1).

1. *Bulletin officiel* n° 17 du 23 avril 2015.

PARTIE 2

Agir, s'exprimer, comprendre à travers l'activité physique

3 Les activités physiques

Séquence n° 1 : Pratiquer des jeux d'opposition 46

Séquence n° 2 : Effectuer une randonnée pédestre 50

Séquence n° 3 : Découvrir le milieu aquatique 56

Agir, s'exprimer, comprendre à travers l'activité physique. Programmation annuelle. GS

4 séances par semaine en privilégiant 2 domaines en enseignement massé

<table>
<tr><th>Objectifs et éléments de progressivité</th><th>Période 1</th><th>Période 2</th><th>Période 3</th><th>Période 4</th><th>Période 5</th></tr>
<tr><td rowspan="2">Agir dans l'espace dans la durée et sur les objets</td><td colspan="5">Courir, sauter, lancer de différentes façons, dans des espaces et avec des matériels variés, dans un but précis.

Ajuster et enchaîner ses actions et ses déplacements en fonction d'obstacles à franchir ou de la trajectoire d'objets sur lesquels agir.</td></tr>
<tr><td></td><td>Activités conjuguant courses et sauts</td><td>Lancer précis après avoir franchi des obstacles</td><td></td><td></td></tr>
<tr><td rowspan="2">Adapter ses équilibres et ses déplacements à des environnements ou des contraintes variées</td><td colspan="5">Ajuster et enchaîner ses actions et ses déplacements en fonction d'obstacles à franchir.

Se déplacer avec aisance dans des environnements variés, naturels ou aménagés.</td></tr>
<tr><td>Piloter</td><td></td><td>Randonnée pédestre*</td><td colspan="2">Natation*</td></tr>
<tr><td rowspan="2">Communiquer avec les autres au travers d'actions à visée expressive ou artistique</td><td colspan="5">Construire et conserver une séquence d'actions et de déplacements, en relation avec d'autres partenaires, avec ou sans support musical.

Coordonner ses gestes et ses déplacements avec ceux des autres, lors de rondes et jeux chantés.</td></tr>
<tr><td>Rondes</td><td></td><td></td><td>Cirque</td><td>Danse</td></tr>
<tr><td rowspan="2">Collaborer, coopérer, s'opposer</td><td colspan="5">Coopérer, exercer des rôles différents complémentaires, s'opposer, élaborer des stratégies pour viser un but ou un effet commun.</td></tr>
<tr><td></td><td>Jeux d'opposition*</td><td></td><td colspan="2">Jeux à règles</td></tr>
</table>

*Points développés dans l'ouvrage dans le cadre de séances

3

Les activités physiques

Séquence n° 1 : Pratiquer des jeux d'opposition 46

Séances n° 1 à 3 Le loup et les chevreaux 47

Séquence n° 2 : Effectuer une randonnée pédestre 50

Séances nos 1 à 3 Familiarisation 52

Séance n° 4 Entraînement. Commencer par un parcours de 1 km puis, augmenter à 4 km 54

Séquence n° 3 : Découvrir le milieu aquatique 56

Séance n° 1 Familiarisation 57

Séance n° 2 Première prise de contact avec le milieu aquatique : s'immerger 59

Nadine Dejaigher

Séquence n° 1

Pratiquer des jeux d'opposition

- Séances n° 1 à 3 : **Le loup et les chevreaux**
- Séances n° 4 à 6 : **Autre jeu d'opposition laissé au choix de l'enseignant**

Description de la séquence

Objectifs du domaine d'apprentissage

- Respecter les consignes.
- Prendre conscience des rôles d'adversaire et partenaire
- Participer à des jeux d'opposition
- Comprendre et accepter des règles
- Repérer des espaces de jeux

Attendus de fin de cycle

Coopérer, exercer des rôles différents complémentaires, s'opposer, élaborer des stratégies pour viser un but ou un effet commun

Critères observables

L'élève apprend :
- à jouer des rôles : attaquants/défenseurs ;
- à prendre des informations ;
- à chercher les stratégies les plus efficaces ;
- à reconnaître et identifier les adversaires ;
- à attraper ou éviter.

Objectifs langagiers

- Acquérir du vocabulaire
- Nommer les actions
- Argumenter
- Expliciter

Préparation organisationnelle, matérielle et spatiale de la classe

Matériel

- Objets : Foulards ou chasubles pour repérer les divers joueurs
- Matériel pour aménager l'espace : Cerceaux, lattes, tapis, plots...

Aménagement et/ou utilisation de l'espace

Selon les séances, la salle sera partagée en zones de jeux. Il est possible d'utiliser la cour de récréation pour certains jeux si la météo le permet.

Séances n° 1 à 3 Le loup et les chevreaux

Description de la séance

35 minutes.

Étape 1. Échauffement *(10 minutes)*

Proposer un échauffement progressif et cohérent avec l'activité proposée :
– échauffer les articulations : par exemple, tourner ses poignets mains jointes dans les deux sens ;
– courir et s'arrêter au signal ; marcher puis courir selon le signal donné ;
– marcher et, au signal, changer de direction ;
– courir et, au signal, changer de direction sans heurter un camarade.

Étape 2. Jeu : Le loup et les petits chevreaux *(20 minutes)*

Définir un espace carré ou rectangulaire de 10 à 15 m de côté.

Règles du jeu *(en classe entière)*

Le loup désigné doit toucher tous les autres, le plus rapidement possible, dans un temps donné. On peut utiliser un sablier.
– Tout joueur touché par le loup est immobilisé sur place.
– On ne joue que dans l'espace délimité.

Consignes

– Ne pas faire mal aux autres en courant.
– Respecter les règles du jeu.
– On changera de loup à chaque manche.

Critères de réussite

– Les enfants pris restent immobiles.
– Le loup réussit à prendre le plus grand nombre d'enfants.

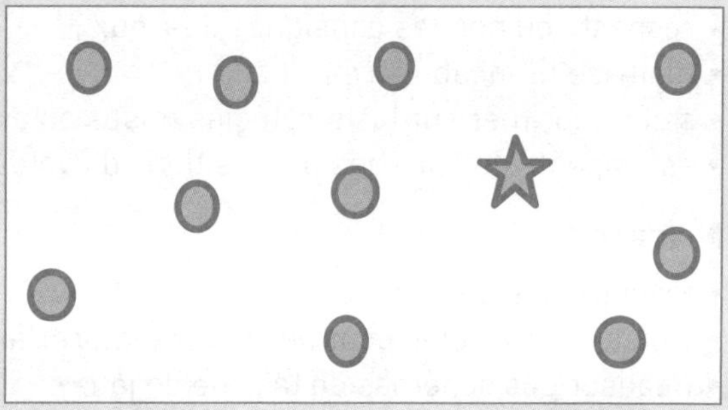

Dessin : Nadine Dejaigher

Remarques

– Les règles doivent être très faciles au départ pour permettre aux enfants d'entrer rapidement dans l'activité.
– Entre chaque manche, il sera intéressant de faire parler les enfants sur ce qui vient de se passer et de faire des propositions pour faire évoluer le jeu. Par exemple, le loup a touché seulement 5 chevreaux au bout du temps imparti : il faut augmenter le nombre de loups.
– Le jeu sera repris sur 3 séances en amenant des complexifications, des variables.

Variables possibles

- Mettre plusieurs loups.
- Espace

– Modifier l'espace de jeu, l'agrandir, le restreindre.
– Les petits chevreaux ont une maison où le loup ne peut entrer.
– Les petits chevreaux doivent porter des objets dans une autre maison.

- Temps

Le temps de jeu peut être donné par une musique, une comptine, un sablier...

- Organisation

– Une demi-classe joue ; les autres enfants observent.
– Si un chevreau est attrapé, il peut être délivré par un autre chevreau en tapant dans sa main.

Étape 3. Retour au calme *(5 minutes)*

- Une musique calme peut être passée : les yeux fermés, debout, respirer doucement et relâcher le haut du corps en se penchant vers le sol, les bras ballants. L'enseignant demande à quelques enfants de ranger le matériel.
- Possibilité de réaliser des postures de yoga : arbre, chat, oiseau.

Rôle de l'enseignant

- Faire verbaliser (ou verbaliser) les actions.
- Encourager.
- Inciter les élèves à faire émerger les problèmes liés à la règle du jeu, et donc à trouver de nouvelles variables.
- Encourager à l'installation du matériel.

Observables comme outils d'évaluation positive

L'enseignant observe et sait qui :

- respecte ou non les consignes des jeux ;
- maîtrise le vocabulaire ;
- sait s'exprimer sur les stratégies mises en avant ;
- est capable de faire des propositions d'évolution du jeu.

Traces

- Prendre des photos.
- Noter les variables pour se les remémorer à la séance suivante.
- Réaliser des schémas de la zone de jeu.
- Établir la liste des règles pour transmettre à d'autres classes par exemple.

Prolongement de la séquence

Ouverture vers une autre discipline

- Le langage aura une part importante :
  - sur le lexique à utiliser ;
  - sur le retour des séances, et notamment sur les variables, les règles à changer.

Écrit

- Le domaine de l'écrit, avec notamment la rédaction des règles du jeu, qui peut se faire sous la forme d'une écriture sous la dictée.
- L'enseignant peut aussi s'appuyer sur les contes traditionnels :
  - *Le Loup et les Sept Chevreaux* ;
  - *Les Trois Petits Cochons* ;
  - *Le Petit Chaperon rouge*.

Transfert de compétences

Coopérer dans d'autres jeux, en mathématiques par exemple.

Séquence n° 2

Effectuer une randonnée pédestre

• Séances n° 1 à 3 : **Familiarisation : repérage du balisage**

• Séance n° 4 : **Entraînement. Commencer par un parcours de 1 km puis, augmenter à 4 km.**

• Séances n° 5 à 9 : **Laissées à l'initiative de l'enseignant**

Description de la séquence

Objectifs du domaine d'apprentissage

• Commencer à coopérer pour prendre des repères dans l'espace, le temps et l'environnement.
• Être capable de marcher longtemps (endurance).
• Respecter les règles de déplacement sur la route (piéton).

Attendus de fin de cycle :

Se déplacer avec aisance dans des environnements variés, naturels ou aménagés.

Critères observables

L'enfant apprend à :
• participer à un projet commun ;
• repérer le balisage ;
• observer autour de lui.

Objectifs langagiers

• Acquérir du vocabulaire spatial.
• Nommer les lieux.
• Échanger sur les plans, les repères, le balisage.

Préparation organisationnelle, matérielle et spatiale de la classe

Matériel

Matériel pour la randonnée

- De bonnes chaussures, des chasubles.
- Prendre un téléphone portable, les fiches d'urgence et une trousse de secours.
- Prévoir un sac à dos par enfant avec de l'eau, une casquette, un vêtement de pluie et un fruit.
- Prévoir des tablettes, appareils photo, cahier, feuilles, crayons pour garder des traces.

Matériel pour aménager l'espace

Flèches, poteaux, plots, passage piétons, feux, panneaux, rubans...

Aménagement et/ou utilisation de l'espace

- Les séances de familiarisation se feront dans la cour de récréation ou en salle.
- Les autres séances autour de l'école. Il sera nécessaire de suivre l'encadrement pour les sorties et de demander des accompagnateurs.

Séances n° 1 à 3
Familiarisation

Description de la séance

45 minutes.

Étape 1. Échauffement
(10 minutes)

Se déplacer en marchant, en courant, seul, à deux en se tenant par la main.
Se déplacer sur les parcours prévus de la séance.

Étape 2.
(30 minutes)

Séance n° 1

• Dans un premier temps, il faudra dire aux enfants qu'ils vont faire de la randonnée pédestre. Il sera nécessaire d'expliquer ce qu'il va falloir apprendre et d'annoncer la sortie finale. Les intervenants peuvent participer au travail dans la cour pour apprendre à connaître les enfants.

• Dans la cour de récréation ou la salle de sport, installer un parcours avec plusieurs itinéraires possibles. Demander aux enfants de se mettre en groupes hétérogènes de 4 repérés par des chasubles ou foulards de couleurs différentes.

• Demander ensuite aux enfants de choisir un parcours et de noter toutes les informations pour les transmettre à un autre groupe pour qu'il puisse faire le même parcours. Mettre à la disposition des enfants des feuilles, des crayons de différentes couleurs.

• Prendre le travail d'un groupe (choisi parmi les moins élaborés pour commencer) et demander aux enfants de suivre les indications données. Procéder ainsi pour tous les groupes.

• Faire ensuite une mise en commun : pourquoi y a-t-il eu des difficultés ? Trouver des solutions pour aider à trouver le bon chemin. Bien réaliser le plan et proposer de faire des panneaux pour indiquer le chemin.

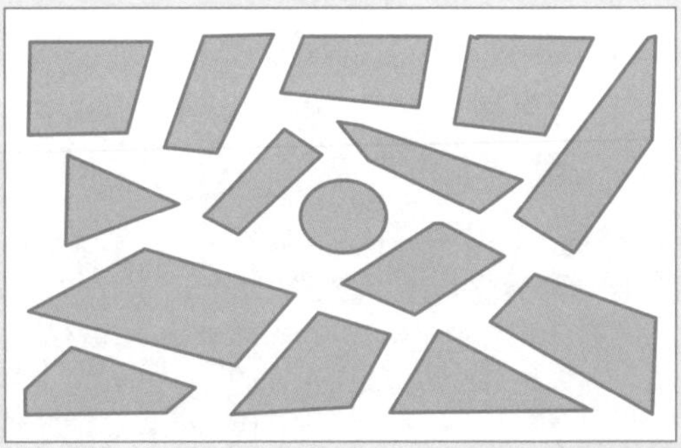

Dessin : Nadine Dejaigher

Séance n° 2

• Faire un rappel de la séance 1 et proposer à un groupe de faire un schéma et de mettre des indications sur ce chemin avec des affiches vierges et des feutres effaçables.

• Proposer aux différents groupes de tester le chemin et faire une mise en commun ensuite. Le fléchage aide-t-il ? Est-il bien ciblé ? Quel codage a été choisi ?
• Dans la classe, revenir sur les codages et les chemins réalisés. (S'appuyer sur les différentes traces gardées : affiches, dessins… des différents groupes.)
• L'enseignant montrera alors le balisage que les enfants vont pouvoir observer sur les sentiers de randonnée. Il demandera de deviner à quoi il correspond.

Bonne direction	Tourner à gauche	Tourner à droite	Mauvaise direction
	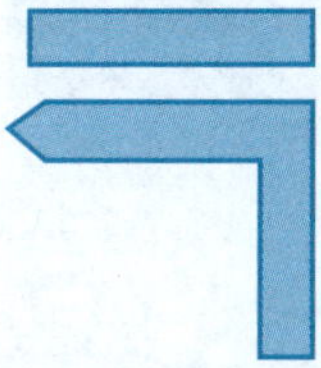	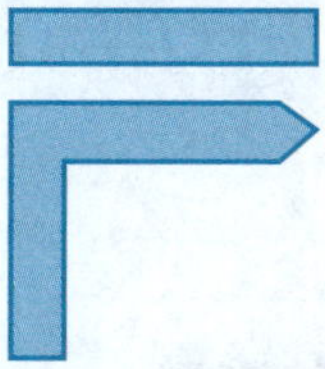	

Dessin : Nadine Dejaigher

Séance n° 3
Proposer aux élèves de vivre des parcours avec le balisage. Chaque groupe peut inventer un parcours, le baliser et le proposer aux autres élèves.

Étape 3. **Retour au calme**
(5 minutes)

Revenir sur la séance et faire expliciter aux élèves les balisages, les chemins. Faire le point sur ce qui a été appris.

Rôle de l'enseignant

• Proposer une situation problème : se repérer sur un parcours.
• Faire émerger les réponses lors de la mise en commun.
• Remplir les documents pour les sorties et les intervenants.

Observables comme outils d'évaluation positive

Savoir qui :
- participe au balisage ;
- observe le balisage et le suit ;
- maîtrise le vocabulaire spatial.

Trace écrite

Garder les traces utilisées par les enfants : schémas, balisages.

Séance n° 4
Entraînement

Description de la séance

55 minutes.

Étape 1. Échauffement
(5 minutes)

Se déplacer en marchant, en courant ; seul, à deux.

Étape 2.
(40 minutes)

Préparer une sortie pédestre autour de l'école en partant vers un itinéraire de randonnée ou vers des parcs, des sentiers. Prévoir un balisage avec des affiches qui seront retirées au fur et à mesure du passage.

Donner des consignes pour la sortie :
- Je respecte les espaces, le code de la route en tant que piéton.
- Je reste sur les sentiers balisés, sur le trottoir.
- Je suis discret.
- Je récupère mes déchets.

Les enfants seront répartis en groupes avec un accompagnateur. Les groupes seront espacés de quelques mètres et toujours visibles de l'enseignant, qui reste responsable de l'activité. Il faudra alterner l'ordre des groupes afin que chacun puisse donner la direction alternativement. Prévoir des pauses pour s'hydrater.

Étape 3. Retour au calme
(10 minutes)

Faire le point sur la sortie (suivi du balisage, traces, impressions, ressenti).

Rôle de l'enseignant

- Repérer et/ou baliser le parcours juste avant la sortie.
- Questionner : Où sommes-nous passés ? Qu'avons-nous vu ?...
- Assurer la sécurité de tous.
- Faire verbaliser en employant le vocabulaire spatial adéquat.

Observables comme outils d'évaluation positive

- Est capable de faire un parcours en marchant sans se fatiguer.

- Utilise le vocabulaire spatial.
- Sait prendre des repères visuels.

Traces

Photos, dessins, maquettes, plans, empreintes, enregistrement des bruits lors de la sortie.

Prolongement de la séquence

Ouverture vers une autre discipline

Le langage

- Oral :
  – maîtrise du vocabulaire spatial : droite, gauche… ;
  – maitrise du lexique : rivière, ruisseau, château d'eau, mairie, commerces divers rencontrés, animaux, les arbres, la haie, la mare, la prairie, le bois, le parc… en fonction des parcours et de la zone où se situe l'école.
- Écrit : garder traces par le biais de l'écriture sous la dictée des parcours faits.

Les activités artistiques

- Réaliser un carnet de voyage à partir des différentes sorties réalisées.
- Prendre les empreintes des écorces des arbres avec des craies sur feuille.

Explorer le monde

- L'espace : un travail sur les plans et maquettes des différentes zones peut être utilisé pour faire verbaliser les parcours.
- Le temps : reporter les sorties sur le calendrier pour anticiper et voir l'évolution du projet dans le temps.
- Explorer le monde du vivant : lors des sorties, observation des animaux dans leur milieu naturel, des arbres.
- Le tri des déchets.
- Un premier apprentissage des dangers de la route peut être fait.
- Utilisation des sens : observer, sentir, écouter, toucher.

Vivre-ensemble : avoir un projet commun et coopérer (la randonnée).

Transfert de compétences

- Réaliser une maquette, un plan de la classe, de la cour.
- Travailler le permis piéton.
- En informatique, utiliser les *bee bot* en programmation.

Séquence n° 3

Découvrir le milieu aquatique

- Séance n° 1 : **Familiarisation**
- Séance n° 2 : **Première prise de contact avec le milieu aquatique : s'immerger**
- Séances n° 3 à 6 : **Entraînement : reprendre les jeux en les complexifiant**
- Séances n° 7 à 10 : **Jeux et parcours (se laisser flotter et se déplacer) à l'initiative de l'enseignant**

On peut prévoir des séances massées. Des démarches administratives sont à faire. Pour cela s'appuyer sur les documents officiels : circulaire n° 996-136 du 21 septembre 1999 ; décret n° 2017-766 du 4 mai 2017 ; circulaire n° 2017-127 du 22 août 2017.

Description de la séquence

Objectifs du domaine d'apprentissage

- Développer de nouveaux équilibres : se laisser flotter
- Découvrir et explorer un espace inconnu ou peu connu : le milieu aquatique
- Explorer des déplacements
- Immerger la tête dans l'eau
- Réaliser des coulées ventrales
- Explorer la profondeur

Attendus de fin de cycle

Se déplacer avec aisance dans des environnements variés, naturels ou aménagés.

Critères observables

L'enfant apprend à s'immerger dans le milieu aquatique ; prendre plaisir dans ce milieu ; se laisser flotter ; se déplacer.

Objectifs langagiers

- Acquérir du vocabulaire : vêtements, matériel spécifique, lieu
- Expliciter ses réussites

Préparation organisationnelle, matérielle et spatiale

Matériel

En fonction des jeux, objets flottant, lestés, frites, planches…

Aménagement et/ou utilisation de l'espace

Le bassin séparé par des lignes d'eau.

Séance n° 1
Familiarisation

Prévoir une réunion avec les parents

- Donner des conseils pratiques.
- Donner des indications sur le contenu des séances, les horaires.
- L'enseignant prendra des informations : les enfants connaissent-ils ce milieu ? Ont-ils une appréhension ?

Avec les enfants

Expliquer ce qui va être travaillé.

Description de la séance

45 minutes.

Étape 1.
(15 à 20 minutes)

On prendra le temps de découvrir les lieux et le personnel.
Passage aux douches : Certains enfants ont un peu peur de l'eau, et cette découverte par les jeux sous la douche peut être une entrée. Prévoir des seaux, des contenants divers et jouer à s'arroser, s'éclabousser. Expliquer pourquoi se laver avant d'aller à la piscine.

Étape 2.
(20 minutes)

Découverte du bassin. Puis, proposer un jeu dans le petit bain et un petit parcours.
Jeu : le filet pêcheur pour les enfants qui ne connaissent pas le milieu aquatique
Il est possible de laisser les élèves regarder, assis sur le bord. Puis, à la deuxième reprise du jeu, on les invitera à participer.

Deux groupes sont formés rapidement
- Un groupe de pêcheurs, debout, se tenant la main au-dessus de l'eau, en ronde pour représenter un filet.
- Un groupe de poissons qui passent dans le filet et en ressortent.

But
Pour les enfants « poissons » : entrer dans le filet formé par les élèves « pêcheurs », en sortir avant que le filet s'abaisse.

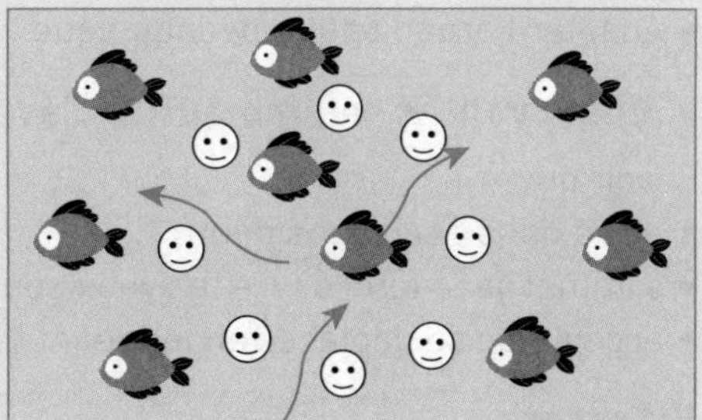

Dessin : Nadine Dejaigher

Consigne

« Les pêcheurs, vous vous placez en ronde et allez choisir un nombre. Vous allez compter et, une fois arrivé à ce nombre, fermer le filet. Les poissons, vous allez passer dans le filet le plus de fois possible. »

Parcours (pour les enfants qui semblent plus à l'aise)

Consignes

Demander à un intervenant de montrer en même temps que l'enseignant donne les consignes orales suivantes.

« Descendre par l'échelle, longer le mur, suivre la ligne d'eau, revenir vers le bord en s'accrochant à la perche, passer sous la ligne d'eau, rejoindre le mur, passer derrière le tapis, continuer le long du mur et passer derrière la perche, rejoindre l'échelle pour sortir et longer la plage en marchant pour reprendre le jeu. »

Il est possible dans un premier temps de retirer le tapis et de longer seulement le mur. Petit à petit, on ajoutera des éléments, et donc des difficultés. Deux intervenants seront dans l'eau pour aider, encourager, sécuriser les enfants (en rouge). L'enseignant reste sur le bord.

Inverser les deux groupes au bout de 10 minutes de jeu.

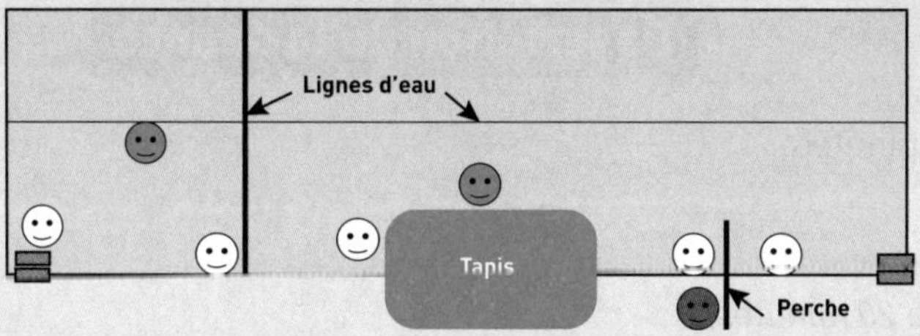

Dessin : Nadine Dejaigher

Étape 3.
(10 minutes)

Passage aux douches : reprendre la partie sur le lavage du corps

Étape 4.
(10 minutes)

Dans la classe, demander aux élèves leur ressenti, ce qui a été appris

Rôle de l'enseignant

- Rassurer, encourager
- Sécuriser
- Adapter l'organisation pédagogique

Observables comme outils d'évaluation positive

Savoir qui :

- entre dans l'eau sans peur ;
- s'immerge la tête, ouvre les yeux sous l'eau ;
- accepte de se déplacer en longeant le bord.

Traces

Photos, films, dessins des enfants après la séance.

Séance n° 2
Première prise de contact avec le milieu aquatique : s'immerger

Description de la séance

45 minutes

Étape 1. Passage dans les douches
(5 minutes)

Voir séance 1

Étape 2.
(40 minutes)

Faire 3 groupes de niveau
Reprendre le jeu : le filet pêcheur avec des variables :
- possibilité pour les poissons pris au piège de s'échapper par immersion ;
- compter le nombre de fois où les poissons entrent et sortent du filet ;
- hauteur des bras des pêcheurs ;
- entrée et sortie des poissons par les jambes des pêcheurs ;
- objets immergés dans la ronde représentant la nourriture des poissons.

Jeu des déménageurs
Deux groupes sont formés rapidement. Un chouchou au poignet permet de repérer les équipes.

Matériel
Un grand tapis flottant avec des objets divers.

Déroulement
Vider le tapis le plus vite possible en amenant les objets dans son camp. Il est interdit de monter sur le tapis compter la valeur des objets (1 point : objets flottants, 2 points : objets immergés). Permuter les rôles, l'équipe ayant le plus de points a gagné.

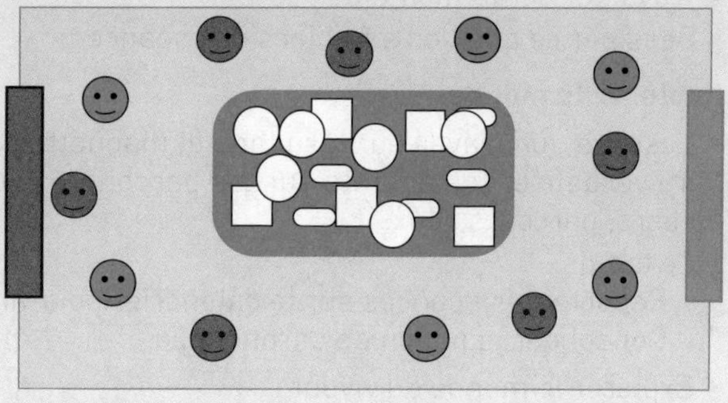
Dessin : Nadine Dejaigher

Reprendre le parcours de la séance 1 en complexifiant.

Étape 3. Douche
(5 minutes)

Rôle de l'enseignant

• Observer et assurer la sécurité.

• Proposer des variables didactiques.

• Simplifier en encourageant pour réussir (par exemple : lever la perche et demander à l'enfant de mettre son menton dans l'eau puis la bouche au prochain passage... jusqu'à ce qu'il mette la tête dans l'eau).

Observables comme outils d'évaluation positive

Voir séance 1

Prolongement de la séquence

Ouverture vers une autre discipline

Le langage

• Oral
  – Maîtrise du lexique :
    - de la piscine : vestiaires, sanitaires, douches, pédiluve, bassin ;
    - sur les vêtements : maillot de bain, pull, pantalon, serviette, pull... ;
    - sur le matériel : frites, pull boy, cage, toboggan...
  – Raconter et reformuler ce qui s'est passé à la piscine.

• Écrit

Garder traces par le biais de l'écriture sous la dictée des parcours faits, des jeux, des émotions ressenties, des difficultés et des réussites.

Les activités artistiques

• Travailler sur le thème de l'eau.

• Dessiner ce que l'on a fait lors des séances.

Explorer le monde

• L'espace : un travail sur les plans et maquettes des différentes zones de la piscine pour faire verbaliser les enfants sur les parcours. Pouvoir localiser les zones des différents ateliers, parcours, jeux.

• Le temps
  – Reporter les séances sur le calendrier pour anticiper et prévoir son matériel.
  – Consolider la notion de chronologie.

• Explorer le monde du vivant :
  – Travailler sur l'hygiène de vie.
  – Explorer la matière, et particulièrement l'eau.

• Vivre-ensemble : avoir un projet commun et coopérer.

Transfert de compétences

Réaliser une maquette, un plan de la piscine.
Il serait intéressant de travailler avec l'album *Le Fabuleux Voyage de Lola* (album et livret), *Les Aventures de Pensatou et Têtanlère* Groupe EPS Illustrations : Marion Devaux

PARTIE 3

Agir, s'exprimer, comprendre à travers les activités artistiques

4 Les productions plastiques et visuelles

Séquence n° 1 : L'image qui voyage 66

Séquence n° 2 : Dessiner en grande section 75

5 Les univers sonores

Séquence n° 1 : Chanter 84

Séquence n° 2 : Explorer des instruments 89

Séquence n° 3 : Affiner son écoute 96

6 Le spectacle vivant

Séquence n° 1 : Pratiquer quelques activités du spectacle vivant 101

Les productions plastiques et visuelles. Programmation annuelle. GS

<table>
<tr><th>Objectifs et éléments de progressivité</th><th>Période 1</th><th>Période 2</th><th>Période 3</th><th>Période 4</th><th>Période 5</th></tr>
<tr><td rowspan="2">Dessiner</td><td colspan="5">Pratiquer le dessin pour représenter ou illustrer, en étant fidèle au réel ou à un modèle, ou en inventant.
Représenter ou illustrer ce qu'il voit, ce dont il se souvient, ce qu'il imagine*
Dessiner différents éléments du réel identifiables selon des critères collectifs*
Dessiner d'après un modèle en respectant certains critères (dessin par étapes, outils...)*</td></tr>
<tr><td colspan="5">S'exprimer sur sa production*</td></tr>
<tr><td rowspan="5">S'exercer au graphisme décoratif</td><td colspan="5">Réaliser une composition personnelle en reproduisant des graphismes. Créer des graphismes nouveaux.</td></tr>
<tr><td colspan="5">Reproduire de mémoire les motifs graphiques observés</td></tr>
<tr><td colspan="5">Créer de nouveaux motifs graphiques</td></tr>
<tr><td colspan="5">Contrôler et varier l'amplitude du geste pour s'adapter au format du support, produire des tracés de plus en plus diversifiés et plus précis</td></tr>
<tr><td colspan="5">Repérer des motifs venant de supports variés (œuvres d'art, tissus, poteries, tapisseries, papiers....) pour constituer un répertoire
Reproduire, assembler, organiser, enchaîner des motifs graphiques</td></tr>
<tr><td rowspan="2">Réaliser des compositions plastiques, planes et en volume</td><td colspan="5">Réaliser des compositions plastiques seul ou en petit groupe, en choisissant et combinant des matériaux, en réinvestissant des techniques et des procédés.
Travailler autour de la couleur : mélanges, nuances, effets...
Cerner, mélanger, faire couler, égoutter, réserver, pocher, modeler, prolonger, élargir, compléter, graver, presser, emboîter, entrelacer, projeter, asperger, tisser, coudre
Transformer des matériaux divers en volume (terre, bois, béton cellulaire, carton...)</td></tr>
<tr><td colspan="5">Faire des choix pour créer des formes nouvelles</td></tr>
<tr><td rowspan="2">Observer, comprendre et transformer des images</td><td colspan="5">Décrire une image et exprimer son ressenti ou sa compréhension en utilisant un vocabulaire adapté.
Utiliser un lexique adapté pour décrire ce qu'il voit, dire son ressenti ou traduire sa compréhension*
Repérer les différences et les ressemblances, comparer des images selon des critères simples et les classer*</td></tr>
<tr><td colspan="5">Transformer des images en respectant des consignes</td></tr>
</table>

Indépendamment ou en complément des compétences transversales, certaines d'entre elles sont à mobiliser prioritairement durant des périodes spécifiques. Rien n'empêche toutefois de les anticiper voire de les poursuivre.

*Points développés dans l'ouvrage dans le cadre de séances

Univers sonores. Programmation annuelle. GS

<table>
<tr><th>Objectifs et éléments de progressivité</th><th>Période 1</th><th>Période 2</th><th>Période 3</th><th>Période 4</th><th>Période 5</th></tr>
<tr><td>Chanter en chœur</td><td colspan="5">Chanter
Chanter en chœur*</td></tr>
<tr><td rowspan="5">Monter un groupe de percussions</td><td colspan="5">Explorer des instruments</td></tr>
<tr><td colspan="2">Reproduire des formules rythmiques*</td><td></td><td></td><td></td></tr>
<tr><td></td><td></td><td>Les coder</td><td></td><td></td></tr>
<tr><td></td><td></td><td colspan="2">Proposer une partition</td><td></td></tr>
<tr><td></td><td></td><td></td><td></td><td>Jouer ensemble*</td></tr>
<tr><td>Écouter</td><td colspan="5">Affiner son écoute
Écouter des œuvres*
Entendre les nuances
Reconnaître des instruments
Entendre la structure, la dessiner</td></tr>
</table>

Indépendamment ou en complément des compétences transversales, certaines d'entre elles sont à mobiliser prioritairement durant des périodes spécifiques. Rien n'empêche toutefois de les anticiper voire de les poursuivre.

*Points développés dans l'ouvrage dans le cadre de séances

Le spectacle vivant. Programmation annuelle. GS

<table>
<tr><th>Objectifs et éléments de progressivité</th><th>Période 1</th><th>Période 2</th><th>Période 3</th><th>Période 4</th><th>Période 5</th></tr>
<tr><td rowspan="6">Pratiquer quelques activités des arts du spectacle vivant</td><td colspan="5">Proposer des solutions dans des situations de projet, de création, de résolution de problèmes, avec son corps, sa voix ou des objets sonores.</td></tr>
<tr><td colspan="3">Utiliser son corps comme première percussion
Exprimer des émotions *
Manipuler des marionnettes en lien avec des histoires lues
Faire parler des marionnettes</td><td colspan="2"></td></tr>
<tr><td colspan="2"></td><td colspan="2">Réaliser des petites mises en scène*</td><td></td></tr>
<tr><td colspan="3"></td><td colspan="2">Mettre en scène des marionnettes</td></tr>
<tr><td colspan="2"></td><td colspan="3">Expliciter ses intentions *
Jouer et improviser devant les autres *
Élaborer une création collective à partir de ses idées*
Participer à l'élaboration d'un spectacle *
S'inscrire dans l'espace et dans le temps d'une production collective*</td></tr>
<tr><td colspan="5">Découvrir des spectacles vivants *
Exprimer ses ressentis, donner son avis*
Mimer et inventer des actions : se déplacer comme ...*
Apprendre à devenir un spectateur actif puis acteur *
Solliciter son imaginaire pour transformer ses façons d'agir et de se déplacer en expression sensible *</td></tr>
</table>

Indépendamment ou en complément des compétences transversales, certaines d'entre elles sont à mobiliser prioritairement durant des périodes spécifiques. Rien n'empêche toutefois de les anticiper voire de les poursuivre.

*Points développés dans l'ouvrage dans le cadre de séances

4

Les productions plastiques et visuelles

Séquence n° 1 : L'image qui voyage 66

Séance n° 1	L'espace du photographe	68
Séance n° 2	Lecture d'œuvre	70
Séance n° 3	Jeu avec les pictogrammes	72
Séance n° 4	L'image qui voyage	74

Séquence n° 2 : Dessiner en grande section 75

Séance n° 1	S'entraîner à dessiner	77
Séance n° 2	Apprendre à dessiner	78
Séance n° 3	Dessiner pour se représenter	81

Marianne Caron
Marie-Ange Wilk

Séquence n° 1

L'image qui voyage

- Séance n° 1 : L'espace du photographe
- Séance n° 2 : Lecture d'œuvre
- Séance n° 3 : Jeu avec les pictogrammes
- Séance n° 4 : L'image qui voyage

Description de la séquence

Objectifs du domaine d'apprentissage

- Découvrir la notion de cadrage
- Découvrir différentes formes d'expression artistique
- Arrêter son regard pour le temps de l'observation
- Réinvestir les acquis en jouant avec le chevalet et les pictogrammes

Attendus de fin de cycle

- Observer, comprendre et transformer des images
- Décrire une image et exprimer son ressenti ou sa compréhension en utilisant un vocabulaire adapté
- Comparer pour commencer à classer en repérant les différences et les ressemblances entre les images selon des critères simples

Critères observables

- Observer des images fixes, dire ce qu'il voit, ce qu'il imagine
- Entrer dans une lecture plus fine des images : lister les éléments narratifs et plastiques
- Utiliser un lexique adapté pour décrire ce qu'il voit, dire son ressenti ou traduire sa compréhension
- S'exprimer sur sa production, sur celle d'un autre ou à propos d'une œuvre d'artiste

Objectifs langagiers

- Exprimer ses sentiments, ses ressentis
- Donner son avis
- Acquérir un vocabulaire spécifique en arts visuels

Préparation organisationnelle, matérielle et spatiale de la classe

Organisation de la classe

- Pour l'espace du photographe : un coin jeu libre ouvert dans la classe, facile d'accès où trois à quatre enfants peuvent se mettre en scène, se photographier, seul ou à plusieurs
- Pour la lecture des œuvres : installation en demi-groupe au coin regroupement
- Pour le jeu pictogrammes : par groupe de quatre

Matériel

Pour l'espace du photographe

Un appareil photo sur pied, tissu foncé, malle de déguisements (lunettes, chapeaux, postiches, bijoux, accessoires divers)

Pour la lecture des œuvres

Une œuvre présentée en demi-classe, affichée au tableau ou sur un chevalet, avec les pictogrammes

Pour le jeu des pictogrammes

Portraits d'époques diverses par groupe, avec une série de pictogrammes, petit chevalet, en carton : genre, position, posture, cadrage

Pour l'image qui voyage

Sac avec une reproduction A4 plastifiée d'un portrait non vu en classe. Le jeu : le chevalet et les pictogrammes, le carnet de voyage de l'image, les notices explicatives du carnet de voyage et du jeu

Séance n° 1
L'espace du photographe

Description de la séance

20 minutes

Matériel

• un espace défini dans la classe (fond neutre) ;
• un appareil photographique numérique avec pied ;
• un fond, un décor ;
• un miroir ;
• une malle de déguisements ;
• des accessoires : chapeaux, bijoux, lunettes, perruques, pinces ;
• les photos de portraits des enfants de la classe en A5 ;
• différents albums ;
• des pictogrammes imprimés sur papier magnétique ou sur feuille plastifiée avec pâte à fixe ;
• le chevalet en carton.

Au préalable, présentation et explication du fonctionnement de l'appareil photo aux élèves.

Étape 1. **Atelier libre**

• L'espace du photographe est construit avec les enfants : pour réaliser un studio de photos, il faut prévoir les décors pour les fonds et y installer des accessoires et des déguisements.
• Exploration libre de l'appareil photo : comment réaliser un portrait, comment se photographier ?
– Par des essais de cadrages, de prises de photos, de poses et prises de vue.
– Par des jeux de mise en scène, seul ou à plusieurs, avec ou sans déguisements.

Étape 2. **Collecte et tri**

Au préalable : création de 4 chevalets en carton et des pictogrammes imprimés sur des feuilles aimantées ou plastifiées.

Chaque enfant apporte différents portraits de sa famille, ou tirés de magazines.
En atelier dirigé, par petits groupes, trouver des critères pour trier les photos. Introduire le vocabulaire spécifique et les pictogrammes correspondants pour construire « la fiche d'identité du portrait » :

• selon les positions :

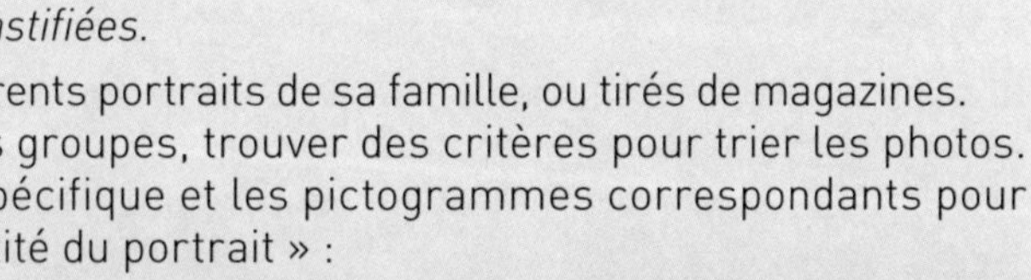

accroupi — assis — allongé — debout

• selon les postures :

profil face 3/4 Dos

• selon les cadrages :

pied mi-corps buste tête

Étape 3. Présentation des clichés

Après un temps d'essais/erreurs, impression des photographies réussies.

En autonomie, manipulation des pictogrammes pour réaliser la fiche d'identité de sa photographie.
Présentation de sa fiche d'identité, validation par le groupe classe, recherche d'un titre.
Quels sont les critères de réussite du cliché ?
« Ma photo est réussie parce qu'elle n'est pas floue, bien cadrée, c'est mon ami dans son déguisement préféré... ».
Les clichés et leur fiche d'identité sont classés dans un album à l'espace du photographe.

Rôle de l'enseignant

• Guider au bon fonctionnement de l'appareil, puis déléguer cette tâche aux enfants expérimentés.

• Dans le groupe dirigé, privilégier ce moment de langage au cours duquel les enfants osent prendre la parole pour décrire le portrait provenant de la maison et les circonstances de la prise de vue.

• Utiliser le vocabulaire spécifique des positions, de la posture, du cadrage ; aider à la manipulation des pictogrammes.

Observables comme outils d'évaluation positive

L'enseignant observe chacun de ses élèves et sait :

- qui réalise des clichés et sa fiche d'identité ;
- qui sait expliciter ses choix ;
- qui utilise le vocabulaire approprié.

Traces

• À recueillir dans le cahier de vie/culturel : les portraits réalisés avec les commentaires des enfants.

• Dans l'espace du photographe, différents albums sont à disposition des élèves : l'album des portraits réalisés en classe et de ceux rapportés de la maison.

• Musée de classe s'enrichissant au fur et à mesure de l'année.

Variables didactiques

Explorer d'autres prises de vues pour photographier des natures mortes, des paysages...

Séance n° 2
Lecture d'œuvre

Description de la séance

20 minutes

Matériel

- une reproduction d'œuvres d'artistes, (en A3 pour afficher au tableau, en A5 pour le chevalet sur pied), au choix :
  - ex. : Johannes Vermeer *Jeune Fille à la perle* ; Van Gogh *Portrait de Joseph Roulin*,
  - Jean Auguste Dominique Ingres *Mademoiselle Caroline Rivière* ;
- le chevalet en carton ;
- les pictogrammes.

Lecture d'image

L'œuvre est présentée sur un chevalet ou affichée au tableau.
« Que voyez-vous ? »

Énoncer et décrire ce que l'on voit

Questionner pour préciser les caractéristiques :

- « Comment est le personnage ? » : homme, femme, enfant, jeune, âgé… ;
- « Quelles sont ses expressions ? » « Comment est-il installé ? » (au centre, sur un côté, en bas du tableau…), habillé (habits anciens, modernes, caractéristiques des accessoires) ? » ;
- « Quelles sont les couleurs ? Est-ce peint à l'intérieur, à l'extérieur ? ».

À chaque élément d'identification trouvé (position/posture/cadrage), placer le pictogramme correspondant **sous l'œuvre en bas du chevalet**.

Rôle de l'enseignant

- Guider l'observation, laisser les enfants s'exprimer, encourager les remarques relevant de la description générale de l'œuvre, puis celles permettant de découvrir et d'utiliser le vocabulaire spécifique.
- Les propositions des enfants permettent de construire le savoir et de repérer les notions qui n'ont pas été abordées.
- Aider à la compréhension et à l'utilisation des pictogrammes : « La femme est vue de côté, donc elle est de profil. »

Observables comme outils d'évaluation positive

Observer chacun des élèves et savoir :
- qui participe ;
- qui décrit l'image ;
- qui fait les choix pertinents ;
- qui utilise un vocabulaire adapté.

Traces

À recueillir dans un album : les œuvres étudiées et leur fiche d'identité.

Variables didactiques

Selon le type de portraits, il est possible de montrer l'œuvre entièrement directement ou, par exemple, comme pour le portrait d'apparat, d'en découvrir des parties, des détails, petit à petit, à l'aide de caches (décor, accessoires, drapés...). Cela permet de focaliser l'attention et l'observation de façon plus précise.

Cette séance se fait régulièrement tout au long de l'année, les enfants acquièrent puis réinvestissent le vocabulaire spécifique autour du portrait en découvrant d'autres catégories.

Selon les projets, on peut ajouter :
- le sujet : homme, femme, enfant, rois, ..., autoportrait ;
- le type de portraits : individuel ou en groupe ;
- la fonction : portrait réaliste, d'apparat ;
- les mouvements artistiques ;
- le genre de l'œuvre.

Exemples

Nature morte

Paysage

Portrait

Le pictogramme du genre correspondant est placé **en haut du chevalet**.

Le chevalet en carton (les deux bandes noires sont recouvertes de peinture aimantée ou prévoir de la pâte à fixe).

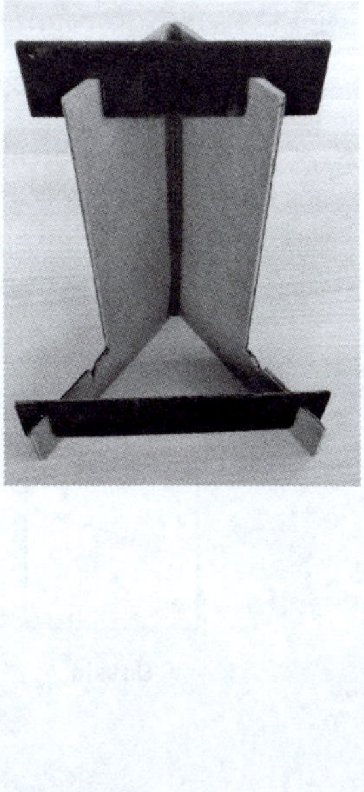

Fabriqué par Marianne Caron
Cliché : Marianne Caron

Séance n° 3 Jeu avec les pictogrammes

Description de la séance

20 minutes

Matériel
- le chevalet en carton ;
- pour chaque groupe :
– une peinture : Pablo Picasso : *Arlequin à la guitare*,
– une sculpture : Camille Claudel : *La Petite Châtelaine*,
– une photographie : Robert Doisneau : *L'Élève et l'Encrier*,
– un dessin : Henri Matisse : *Tête de femme* ;
- les pictogrammes.

Lecture des pictogrammes en collectif pour vérifier l'acquisition du vocabulaire.

Étape 1. Jeu du chevalet

En autonomie, par groupe de 4, réinvestir les acquis en créant la fiche d'identité de l'œuvre :

Découvrir un portrait, retrouver les pictogrammes correspondants en se posant les bonnes questions :
- Qu'est-ce que c'est ? (nature de l'œuvre) ;
- Qu'est-ce que ça représente ? (genre de l'œuvre) ;
- Comment le personnage est-il positionné ? (position) ;
- Comment le voit-on ? (cadrage) ;
- Comment se tient-il ? (posture).

Étape 2. Présentation des résultats

Chaque groupe présente son œuvre : à tour de rôle, chaque enfant pose un pictogramme en argumentant son choix.

La validation des résultats par le groupe sert d'évaluation à l'enseignant.

Une nouvelle catégorie est présentée à la fin de la séance : la nature de l'œuvre.
Elle sera placée **en bas du chevalet**.

Dessin

Photographie

Peinture

Sculpture

Cliché : Marianne Caron

Rôle de l'enseignant

Cette séance permet d'observer les enfants, leurs interactions et de valider leurs connaissances (évaluation finale).

Pour répondre à la consigne, ce jeu demande aux enfants de travailler ensemble : s'écouter, s'entraider et mutualiser.

Observables comme outils d'évaluation positive

L'enseignant observe chacun de ses élèves et sait :
- qui trouve les pictogrammes pertinents ;
- qui justifie sa réponse ;
- qui utilise le vocabulaire spécifique.

Traces

À recueillir dans l'album pour le compléter (*cf.* séance 2) : les cartes d'identité réalisées pour chaque œuvre.

Variables didactiques

Ce jeu peut s'utiliser tout au long de l'année pour découvrir et utiliser les connaissances sur la nature morte, le paysage…

Il peut également servir d'évaluation : le chevalet est présenté avec 5 pictogrammes (nature, genre, position, cadrage, posture) et l'enfant doit retrouver l'œuvre correspondante.

Pour aller plus loin

Vers la scène de genre

Créer des portraits de groupe en réinvestissant les connaissances sur les positions, postures, cadrages pour se mettre en scène comme les personnages des œuvres étudiées (ex. : Bartholomé, *Les Musiciens*, 1903 ; Matisse, *La Musique*, 1939 ; Botero, *Les Trois Musiciens*, 1980).

Cliché : Mathieu Brard (Association *Dans la Boîte Hulluch*)

Les Musiciens
de Fernando Botero
Tableau disponible sur le site :
https://www.hasanyalcin.com/fernando-botero/

Séance n° 4
L'image qui voyage

Description de la séance

10 minutes

Déroulé de la séance

• Dans le sac :
- la reproduction d'une œuvre plastifiée au format A4 (portrait étudié ou non) ;
- le carnet de voyage de l'image, mémoire des traces écrites et/ou photographiques réalisées à la maison ;
- le jeu : un chevalet et des pictogrammes ;
- les notices explicatives du carnet de voyage et du jeu ;
- le carnet de voyage : c'est un cahier de format 22 × 17 cm.

Présenter le sac de l'image qui va voyager dans les familles.
Expliquer qu'un prénom d'enfant sera tiré au sort chaque semaine ; celui-ci repartira avec le sac pour réaliser la carte d'identité de l'œuvre avec sa famille.

Au retour du sac, l'enfant présente et raconte librement à l'aide du carnet de voyage. L'enseignant le laisse s'exprimer et l'aide en cas de besoin.

Rôle de l'enseignant en direction des familles

Le sac de l'image qui voyage est un des outils qu'utilise l'enseignant pour mettre en mémoire des références artistiques et culturelles. Elles deviendront des éléments de traçabilité du PEAC (parcours éducation artistique et culturel).
Ce dispositif met l'enfant en situation de lecteur d'image, lui permet d'utiliser le langage d'évocation et donne une véritable place à l'œuvre d'art dans les familles, il est une variante du principe de l'artothèque (emprunt d'œuvres comme dans une BCD).

Observables comme outils d'évaluation positive

L'enseignant observe chacun de ses élèves et sait :
- qui s'exprime grâce au carnet de voyage ;
- qui montre de l'intérêt ;
- qui a réalisé la carte d'identité de l'œuvre.

Traces

Grâce aux traces pouvant être recueillies dans le carnet de voyage, cet outil provoque des situations de langage en permettant à l'enfant de raconter, d'expliquer. L'un des objectifs est d'entrer dans le langage d'évocation, dans la mise en pensée d'événements passés.

Séquence n° 2

Dessiner en grande section

- Séance n° 1 : **S'entraîner à dessiner**
- Séance n° 2 : **Apprendre à dessiner**
- Séance n° 3 : **Dessiner pour se représenter**

Description de la séquence

Objectifs du domaine d'apprentissage

- Expérimenter des outils et observer les effets
- Pratiquer le dessin avec ou sans consigne
- Explorer différentes opérations plastiques : pour représenter, pour illustrer, pour créer
- Développer l'expression et l'imagination
- Exercer son habileté gestuelle et la maîtrise des gestes
- Développer sa coordination oculomotrice
- Prendre plaisir à découvrir et à créer

Attendus en fin de cycle

- Pratiquer le dessin pour représenter ou illustrer, en étant fidèle au réel ou à un modèle, ou en inventant
- Répéter, reproduire, mémoriser les gestes lors d'activités guidées
- Décrire une image et exprimer son ressenti, sa compréhension en utilisant un vocabulaire adapté
- Choisir différents outils, médiums, supports en fonction d'un projet ou d'une consigne, et les utiliser en adaptant son geste

Critères observables

- S'engager spontanément dans l'exploration libre, puis guidée, de différents outils et sur des supports variés
- Effectuer des choix d'outils et de procédés en fonction d'un projet
- Commencer à représenter ou à illustrer ce qu'il voit, ce dont il se souvient ou ce qu'il imagine
- Reconnaître les caractéristiques de différents types d'images

Objectifs langagiers

- Commencer à mettre en mots ce qu'il veut évoquer ou représenter
- Donner ses impressions, son avis

• Expliquer une technique, un procédé
• Acquérir un vocabulaire spécifique aux arts visuels

Préparation organisationnelle, matérielle et spatiale de la classe

Organisation de la classe

Un espace dessin permanent :
• trois tables, un plan vertical ou chevalet, des miroirs ;
• classeur collectif pour les essais et pour les autoportraits ;
• petits carnets de croquis, selon les demandes, cahier individuel de croquis/dessins A4 ;
• supports variés : papier (fin, épais, lisse, rugueux), ardoise, métal à repousser ;
• médiums variés : crayons graphites, de couleurs, feutres, encres de couleurs, pastels, craies.

Les séances sont réalisées en groupes hétérogènes de 4-5 enfants, 8 enfants, en demi-classe ou en classe complète.

Séance n° 1
S'entraîner à dessiner

Description de la séance

10 minutes au moment de l'accueil

Matériel

- différents types de supports (papiers variés : calque, rhodoïds, carbone, etc.) ;
- médiums variés (crayon graphite, crayons de couleur, stylos billes, feutres fins et/ou larges, encres de couleur, pastels sanguines) ;
- images tirées d'albums de jeunesse, de documentaires, dessins, d'œuvres d'artistes ;
- 3 miroirs muraux ;
- table lumineuse ;
- 1 cahier de dessin par enfant ;
- carrés 15 × 15 cm de papier Canson.

S'approprier l'espace dessin

Création de l'espace dessin avec les élèves : présenter le nouveau matériel et explorer progressivement le SMOG (supports, médiums, outils, gestes).

L'espace dessin est permanent, pendant le temps d'accueil, ou en accès libre, pour expérimenter du matériel mis à disposition. On peut proposer par exemple chaque semaine des outils et des supports variés, et susciter des temps d'échange pour comparer les effets produits.

Au fur et à mesure de l'année, cet espace évolue, se complexifie en fonction de l'évolution des dessins et des projets en cours.

L'acte du dessin ritualisé conduit l'enfant à construire son propre répertoire mental (en étant fidèle au réel, à un modèle ou en inventant).

Pour conserver les traces réalisées, se souvenir de ce qui a été découvert et voir l'évolution au cours de l'année, mettre en place un cahier de dessin qui contiendra dessins, photos, collages et essais divers.

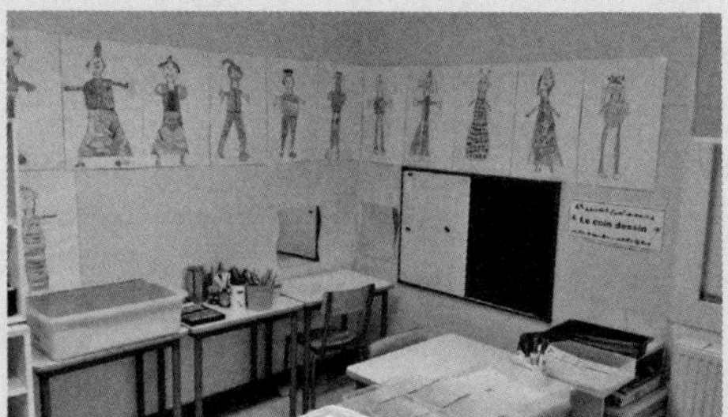

Cliché : Marie-Ange Wilk
Classe MS-GS Mme Wilk école Lacore Vendin Le Vieil

Séance n° 2
Apprendre à dessiner

Description de la séance

de 10 à 30 minutes

Matériel

• un cahier de dessin pour chaque enfant (4 feuilles Canson A3 pliées et agrafées) ;
• crayons de couleurs ;
• gommes ;
• carrés 15 × 15 cm de papier Canson ;
• crayons graphite, crayons de couleur, stylos billes, feutres fins et/ou large, encres de couleur, pastels, sanguines, fusains, craies.

Pour découvrir les caractéristiques de différents types d'images représentant un arbre, l'enseignant met en place des situations d'exploration qui permettront à chacun de constituer et d'enrichir son répertoire personnel de formes d'arbres divers et variés.

Étape 1. Découvrir le dessin d'observation

En groupe classe, dans la nature, puis en classe, en groupe hétérogène de 8 élèves :
• S'installer au sol autour de l'arbre, 5 min d'observation silencieuse, puis 5 min de « description ».
• Consigne : « Sur une page du cahier de dessin et avec votre crayon, vous allez dessiner cet arbre. Vous pouvez utiliser la gomme si besoin. »
• Changer de position pour avoir plusieurs points de vue, dessiner.
• Proposer des outils de cadrage : rouleau de papier type viseur, cadre-fenêtre ou mire posée sur un support (matériel de sport : plot cerceau).
• Photographier l'arbre.

De retour en classe :
• Afficher tous les dessins ; observation puis mutualisation : ceux qui le souhaitent expliquent comment ils ont fait, ce qu'ils ont trouvé facile ou difficile.
• Les aider à expliciter les gestes réalisés : utiliser le vocabulaire des formes, le vocabulaire spatial (« entre, au-dessus... »), le vocabulaire du mouvement (« aller vers, descendre... »).
• À partir des observations et des échanges, s'entraîner à dessiner un arbre, s'imprégner des représentations des copains pour enrichir son répertoire.

• Réinvestir les connaissances lors d'un projet d'illustration de poésie par exemple :

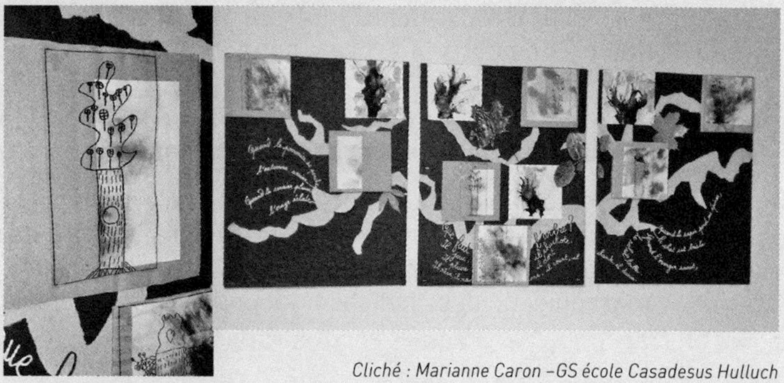

Cliché : Marianne Caron –GS école Casadesus Hulluch

Étape 2. **Découvrir le dessin scientifique**

En groupe hétérogène de 8 élèves

• La photographie, un dessin d'enfant et la recherche en BCD de documentaires permettent d'**affiner l'observation et la description**, et de découvrir différents types d'arbres, ainsi que le dessin scientifique de l'arbre.
• **Comparer, voir les ressemblances et les différences** entre ce que je vois : de l'arbre dans la cour, de sa photographie, du dessin d'enfant et du dessin scientifique. On y voit les racines de l'arbre, des annotations, des flèches...
• Comprendre et repérer les caractéristiques liées à chaque type d'images.
• À partir des observations et des échanges, s'entraîner à dessiner un arbre scientifique dans son cahier de dessins.

Étape 3. **Découvrir le dessin artistique**

Piet Mondrian a peint de nombreux arbres représentatifs et abstraits.
En demi-classe : présenter l'arbre de Piet Mondrian : *L'Arbre argenté* – 1911.

• Lecture de l'œuvre. **Observer.** Dire ce que l'on voit, ce que l'on remarque :
– « Il n'a pas de feuilles ;
– il possède un gros tronc courbé, placé au milieu ;
– il a beaucoup de branches, elles se croisent, elles sont longues, et tordues ;
– l'arbre occupe tout l'espace de la feuille, il touche tous les bords de la feuille. »

• À partir des observations et des échanges, **s'entraîner** à dessiner un arbre qui occupe tout l'espace de la feuille (15 × 15 cm).

Étape 4. **Créer un arbre imaginaire**

En groupe hétérogène de 8 élèves

• À partir de lectures d'albums, de poésies, de comptines, de chansons sur les arbres :

Cliché : Marianne Caron
GS Mme Caron
Ecole Casadesus Hulluch

• À partir d'œuvres (ex. : *L'Arbre à papillons* de David Gerstein) : les enfants font des propositions : l'arbre à bonbons, à cadeaux, à jouets, à fleurs, à voitures, à poupées...

Étape 5. La galerie d'arbres de la classe

À partir de toutes les représentations d'arbres observées sur les différents types d'images et des caractéristiques repérées, **faire des choix** dans une intention de représenter un arbre en puisant dans son répertoire personnel : réaliser une photographie, un dessin d'observation, un dessin scientifique ou un dessin artistique.

Rôle de l'enseignant

• Proposer des consignes ouvertes pour éviter les stéréotypes
• Connaître les étapes du développement du dessin chez l'enfant pour proposer des activités adaptées
• Veiller à la précision du vocabulaire pour aider à la compréhension et à la réalisation des tracés

Observables comme outils d'évaluation positive

L'enseignant observe chacun de ses élèves et sait :
- qui repère les caractéristiques de représentation liées à chaque type d'images ;
- qui utilise son cahier de dessin comme moyen de recherches et de progression, en s'exerçant, suivant une technique, en imaginant, en créant ;
- qui emploie le vocabulaire approprié ;
- qui fait des choix d'outils et de procédés en fonction d'une intention donnée.

Variables didactiques

• Enrichir le répertoire personnel en repérant les caractéristiques d'illustrations de l'arbre dans les albums jeunesse :

Exemple : dans l'album *Au pied de mon arbre* d'Éric Battut, repérer et caractériser l'arbre de la ville, de la campagne, des amoureux, celui qui donne des fruits ou encore de l'ombre...
• Découvrir les caractéristiques des arbres chez d'autres artistes : Friedensreich Hundertwasser, Gustave Klimt...

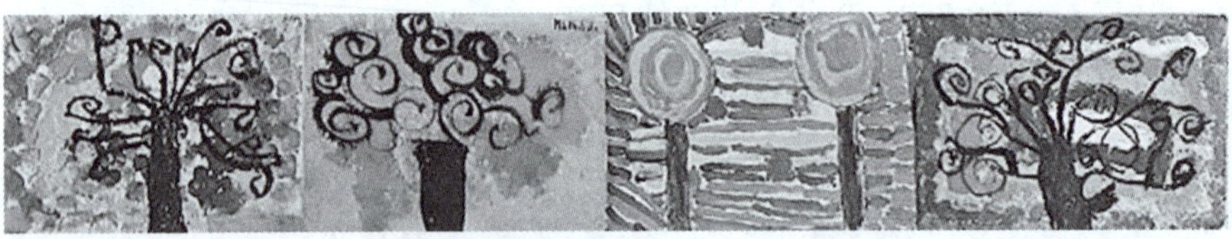

Cliché : Marie-Ange Wilk GS Mme Wilk école Lacore Vendin Le Vieil

• Il est possible de reprendre la démarche de cette séance dans d'autres projets (le portrait, etc.)

Séance n° 3
Dessiner pour se représenter

Description de la séance

20 minutes
Un groupe hétérogène de 6 élèves

Matériel
- des supports de formes et de tailles différents ;
- divers médiums ;
- 3 miroirs.

Étape 1.

- Exploration libre, dans le coin dessin, des miroirs installés au mur (ou sur les tables).
- Présenter le nouveau matériel au coin regroupement : « À quoi ça sert ? »

– « Pour se regarder, voir son visage. Pour se coiffer, se maquiller, se déguiser, se raser… »
– « Est-ce qu'on se voit réellement ? »
– « C'est notre reflet, notre image. »
– « Pourquoi un miroir au coin dessin ? »
– « On peut dessiner ou se dessiner par rapport au miroir. »

Étape 2.

- Explorer différents outils traceurs pour se dessiner devant le miroir. Choisir le format de son support.
- Réaliser son portrait.

Étape 3.

- **Observer** les productions, **analyser** les démarches et les procédés.
- « Est-ce ressemblant ? », « Qui c'est ? ».
- Nommer les parties du visage dessinées avec les élèves.
- Observer ce qu'il manque, les détails dessinés, comme les bijoux, les pinces dans les cheveux…
- Possibilité d'ajouter de la couleur (crayons de couleurs, feutres, craies…) pour marquer les traits et pour faciliter l'identification : couleur de cheveux, des yeux, les sourcils…

Les temps d'échanges sont nécessaires pour comparer les effets produits en fonction des outils utilisés.

Cliché : Marie-Ange Wilk

Préciser qu'il s'agit d'autoportraits ; présenter des œuvres de Van Gogh et de Rembrandt, artistes qui se sont peints toute leur vie.
Certains autoportraits des élèves sont affichés dans l'espace dessin, d'autres, placés dans l'album des autoportraits.

Exemple d'autoportraits

Cliché : Marie-Ange Wilk

Rôle de l'enseignant

- Il doit **laisser du temps pour explorer, découvrir**.
- Proposer des activités d'exploration et de découvertes. Aider à l'acquisition des techniques pour enrichir les pratiques.
- Adapter les activités en fonction des apprentissages : il connaît les étapes du développement du dessin chez l'enfant.
- Proposer des consignes ouvertes pour ouvrir sur des productions plus variées.

Observables comme outils d'évaluation positive

Séance 2

L'enseignant observe chacun de ses élèves et sait :
- qui utilise son cahier de dessin comme élément de mémoire et moyens de recherches et de progression en copiant, en suivant un modèle, en créant en suivant une technique, en imaginant ;
- qui sait décrire le dessin pour en faire une dictée ;
- qui sait utiliser le vocabulaire approprié.

Séance 3

L'enseignant observe chacun de ses élèves et sait :
- qui utilise le miroir comme moyen de reproduction ;
- qui utilise le dessin pour se représenter ;
- qui sait expliquer le procédé utilisé en utilisant le vocabulaire approprié.

Variables didactiques

- Les autoportraits peuvent être poursuivis durant les périodes de l'année : « On se représente en reine, en roi... »
- Autour d'un projet ou d'une exposition, prévoir alors la mise en valeur des productions :
  - travail sur les costumes, les accessoires ;
  - travail sur le fond en camaïeu ;
  - travail sur le cadre ;
  - travail sur l'accrochage : cartels, titre de l'exposition, textes...

Cliché : Marie-Ange Wilk

5

Les univers sonores

Séquence n° 1 : Chanter 84

Séance filée n° 1 Chanter ensemble 85

Séquence n° 2 : Explorer des instruments 89

Séance filée n° 1 Des sons, du rythme 91

Séance filée n° 2 Jouer ensemble 94

Séquence n° 3 : Affiner son écoute 96

Séance n° 1 *Danse hongroise* n° 5, Johannes Brahms 97

Danièle Adad

Séquence n° 1

Chanter

- Séance filée n° 1 : **Chanter ensemble**

Description de la séquence

Objectifs du domaine d'apprentissage

- Explorer les richesses de la voix
- Chanter en chœur
- Réagir à un signal

Attendus de fin de cycle

Avoir mémorisé un répertoire varié de comptines et de chansons et les interpréter de manière expressive. Jouer avec sa voix pour explorer des variantes de timbre, d'intensité, de hauteur, de nuance.

Critères observables

- Écouter
- Faire les gestes
- Chanter
- Suivre les consignes
- Mémoriser quelques textes

Objectifs langagiers

- Répéter
- Articuler
- Acquérir une structure syntaxique
- Acquérir du vocabulaire

Préparation organisationnelle, matérielle et spatiale de la classe

Organisation de la classe et matériel

En collectif, les élèves pourront être assis en demi-cercle, soit au coin regroupement, soit par terre dans une salle polyvalente, ou voyager dans l'espace à disposition. Aucun matériel spécifique, sauf si usage de bande-son ou accompagnement instrumental par l'enseignant.

Aménagement et/ou utilisation de l'espace

Aucun aménagement spécifique. Les élèves pourront marcher dans la salle en fonction des consignes, s'asseoir pour apprendre, se lever pour interpréter.

Séance filée n° 1
Chanter ensemble

Description de la séance

20 minutes

Étape 1. Échauffement corporel

- Se frotter les mains, les bras, la nuque, le cou, le front, les yeux, les joues
- Se frotter les jambes avec énergie pour « chasser les fourmis »
- Hausser les épaules, les baisser, avoir le dos bien droit comme si on tirait une ficelle au-dessus de nos têtes
- S'étirer en bâillant fort
- S'étirer en levant les bras pour toucher le ciel et en appuyant fort les pieds au sol pour s'enraciner
- Mâcher un chewing-gum qui grossit au fur et à mesure qu'on le mâche. D'abord bouche fermée discrètement jusqu'à mâcher la bouche ouverte tellement le chewing-gum est gros

Étape 2. Échauffement vocal

- Mettre la main sur son ventre. Inspirer la bouche ouverte comme si on était très étonné et sentir l'air dans la bouche jusqu'au ventre qui se gonfle
- Expirer le plus lentement possible pour sentir le ventre se dégonfler
- Mettre la main ouverte devant sa bouche. Souffler « chaud », la bouche ouverte, puis souffler « froid », la bouche pincée
- Bruiter le vent : une petite brise qui se transforme progressivement en ouragan
- Jeu de questions/réponses. L'enseignant dit une courte phrase de son choix, par exemple « Nous allons chanter », en choisissant le rythme, l'intonation, le volume, le timbre, et les élèves répètent de la même façon.

Variantes :

- rapidement, en faisant durer un son, en claquant sur une des syllabes, en le disant plusieurs fois ;
- en chuchotant, en parlant normalement, en parlant fort, en hurlant, en variant les intensités ;
- avec la voix d'une souris, d'un ours, d'un canard, en variant les timbres ;

jeu de sirènes montantes et descendantes sur « ou », « on » ou « en ». Les élèves suivent la main de l'enseignant, qui monte ou qui descend pour montrer la hauteur du son.

Étape 3. Apprentissage d'une chanson

- **Présenter la chanson**

Chanter la chanson en boucle en faisant des gestes ou en montrant des images si nécessaire pour aider à la mémorisation et à la compréhension.

- **Travailler la justesse et la rythmique**

Faire des jeux de voix particuliers pour un intervalle inhabituel, la justesse d'une note, l'articulation d'un vers. Dire certains passages sans la mélodie pour marquer la rythmique en jeu de question/réponse.

- **Repérer les phrases musicales**

Il est important d'aller à la fin d'une phrase musicale pour éviter des erreurs mélodiques : dans certaines chansons, une phrase musicale est utilisée plusieurs fois, et c'est seulement la fin de la phrase qui varie. Dans ce cas, il est essentiel de faire entendre cette différence aux élèves en l'accompagnant d'un geste.

- **Mémoriser**

Quand les élèves montrent une bonne connaissance du texte, leur proposer un repère dans les paroles et la structure de la chanson en faisant les gestes sans chanter ou en articulant les paroles sans son.

Chanson exemple :

***Papa mon baiser*, Henri Dès**

Refrain :

Papa mon baiser ma petite bise
Tu me la fais tous les soirs
Papa mon baiser ma petite bise
Et tu racontes une histoire

Il était une fois z'un tout petit monsieur
qui n'avait qui n'avait qu'un cheveu
Il était une fois z'un tout petit monsieur
qui n'avait qu'un cheveu et pas deux.

Et puis après ?
Après quoi ?
Après l'histoire ?

L'aurait bien voulu s'faire la raie au milieu
mais n'avait mais n'avait qu'un cheveu
L'aurait bien voulu s'faire la raie au milieu
mais n'avait qu'un cheveu et pas deux

Refrain

Il était une fois z'un tout petit monsieur
qui n'avait qui n'avait qu'une dent
Il était une fois z'un tout petit monsieur
qui n'avait qu'une dent là devant

Et puis après ?
Après quoi ?
Après l'histoire ?

L'aurait bien voulu manger les p'tits enfants
mais n'avait mais n'avait qu'une dent
L'aurait bien voulu manger les p'tits enfants
mais n'avait qu'une dent là devant

Refrain

Attention

Les deux parties du refrain commencent par la même phrase musicale, mais l'intonation monte à « tous les soirs » et descend à « une histoire ». Le refrain est donc à répéter en entier. De la même façon, dans le couplet, le 2e et le 4e vers se ressemblent, cependant « qui n'avait » ne se répète pas dans le 4e vers.

Le couplet est donc à répéter en entier.

Étape 4. Chant des textes déjà appris précédemment

Rôle de l'enseignant

La posture

L'enseignant est modélisant. Il fait le travail demandé plutôt que de donner une consigne et invite les élèves à l'imiter. Il observe tous ses élèves, les laisse écouter, le temps nécessaire à chacun, et compte sur l'effet du groupe pour donner la confiance de chanter.

La gestion du groupe

Il a des gestes précis qui donnent le départ, qui donnent l'arrêt, qui indiquent les variables du son. Quand il compte le départ, il donne le compte d'une mesure, en général à 4 temps. Il peut dire : « 1 – 2 – 3 – 4 » ou « 3 – 4 » pour démarrer au prochain 1. Le départ doit être précis ou recommencé, les consignes de variation de la voix et du temps d'écoute doivent être respectées, ou le travail arrêté et repris.

Le contenu

Il peut chanter a cappella, utiliser un instrument (guitare, piano…), mettre une bande-son. Il connaît parfaitement les chansons qu'il présente, notamment les paroles, le rythme, les gestes proposés, la mélodie.

Il s'assure que cela correspond à la tessiture de ses élèves.

Critères observables

- Même en collectif, il est possible d'observer chacun des élèves et savoir :
  - qui écoute ;
  - qui fait les gestes ;
  - qui chante.
- En chant choral, grâce à l'écoute globale, il est possible de savoir si tous :
  - suivent les consignes du chef de chœur : de départ, d'arrêt, de rythme, d'effet vocal, de justesse de la mélodie ;
  - mémorisent les textes.

Traces

À recueillir :

- Sur un support numérique :
  - l'enregistrement audio des chansons apprises par la classe ;
  - l'enregistrement vidéo.
- Dans un cahier :
  - le texte chanté et mémorisé.

Variables didactiques

Cette séance peut se faire avec plusieurs classes de même niveau ou de même cycle pour monter une chorale. Elle est régulière. Il est important de commencer l'année avec les chansons et les comptines apprises les années précédentes. Cela permet de se faire plaisir à chanter dès les premières séances.

Prolongement de la séquence

Ouverture vers une autre discipline

Comme indiqué dans les variables didactiques, le choix des chansons peut se faire en rapport avec les sujets d'apprentissages des autres domaines pour les illustrer ou manipuler un champ lexical particulier.

Transfert de compétences

Cette séquence travaille la prise de parole, l'articulation, l'enrichissement du vocabulaire, la posture, et tout ce qui concerne la technique de l'oral. Elle développe également la confiance en soi et la cohésion du groupe classe. Ainsi, ces compétences seront sollicitées dans toutes les activités d'oral.

Séquence n° 2

Explorer des instruments

- Séance filée n° 1 : **Des sons, du rythme**
- Séance filée n° 2 : **Jouer ensemble**

Description de la séquence

Objectifs du domaine d'apprentissage

- Découvrir des percussions
- Maîtriser ses gestes
- En contrôler les effets
- Concevoir des familles d'instruments de percussion

Attendus de fin de cycle

- Repérer et reproduire, corporellement ou avec des instruments, des formules rythmiques simples.
- Proposer des solutions dans des situations de projet, de création, de résolution de problèmes, avec son corps, sa voix ou des objets sonores

Critères observables

- Écouter
- Marcher en rythme
- Chanter les onomatopées
- Suivre les consignes
- Reproduire des formules rythmiques
- Tenir son rôle dans une polyrythmie

Objectifs langagiers

- Comprendre le champ lexical des percussions
- Utiliser le champ lexical des percussions
- Comprendre le champ lexical des gestes nécessaires
- Utiliser le champ des gestes nécessaires
- Comprendre et utiliser des termes spécifiques relatifs au son
- Donner son avis

Préparation organisationnelle, matérielle et spatiale de la classe

Organisation de la classe

En collectif ou en demi-groupe, les élèves pourront être assis ou debout autour d'un tapis, symbole de l'arbre à palabres, soit au coin regroupement, soit dans une salle polyvalente.

Matériel

Tapis pour réunir les élèves. Se procurer le pack pédagogique *Rendez-vous sous l'arbre à tambours*, Pascal Bihannic, Fuzeau, 2007. Instruments de percussion : il est important de former des masses sonores. Ainsi, il vaut mieux avoir un même instrument en une dizaine d'exemplaires plutôt que plusieurs instruments en un ou deux exemplaires.

Aménagement et/ou utilisation de l'espace

Les élèves sont autour du tapis sur lequel sont posés les instruments. Au fur et à mesure des séances, ils pourront se placer en arc de cercle en formation « concert ».

Séance filée n° 1
Des sons, du rythme

Description de la séance

30 minutes

Étape 1. Échauffement corporel

Se frotter les mains, les bras, la nuque, le cou, le front, les yeux, les joues.
Se frotter les jambes avec énergie pour « chasser les fourmis ».

Étape 2. Découverte des sons

Présentation des instruments

L'enseignant pose un instrument devant chaque enfant. Tant que l'instrument est sur le tapis, il se repose. Les instruments sont nommés, montrés, la consigne est donnée :
« Je vais dire le nom d'un instrument. Si vous l'avez devant vous, vous le prenez et vous en jouez. Les autres écoutent. À mon signal, vous le posez délicatement sur le tapis pour qu'il se repose. »
Faire un retour oral sur cette expérience : quels gestes, quels sons, quelles impressions ?

La hauteur

« Quels sont les instruments qui font une voix grave comme celle d'un "papa" ? »
Faire jouer les tambourins, les djembés.
« Quels sont ceux qui font une voix aigue comme celle d'un "bébé" ? »
Faire jouer les grelots.
« Quels sont ceux qui font une voix moyenne comme celle d'une "maman" ? »
Faire jouer les maracas et les chékérés.

Les nuances

Chaque élève prend son instrument pour bruiter en marchant dans la salle l'histoire suivante racontée par l'enseignant.
« Le soleil brille, c'est le silence. Puis quelques gouttes de pluie se mettent à tomber, on les entend doucement. Elles sont encore loin. Elles se rapprochent. L'orage arrive. Il pleut très très fort ! Puis, la pluie se calme et le soleil revient enfin. »
Faire un retour oral sur cette expérience. Quels sont les sons agréables pour moi ? Pourquoi ?
À quoi ce son me fait penser ?

Le tempo

Donner la pulsation pour donner le rythme de marche. L'instrument accompagne le rythme des pas. Faire aller les élèves du plus lent au plus rapide, puis du plus rapide au plus lent. Passer d'un tempo à un autre sans transition.

Étape 3. **Découverte du rythme**

Dire des onomatopées

Avant de jouer un rythme sur un instrument, il est essentiel de le chanter en utilisant des onomatopées (à 4 temps ou à 8 temps). Le fait de marcher est une introduction au ressenti corporel du rythme et de la pulsation.

Sur ces suites d'onomatopées :

Onomatopée 1

DOUM	(.)	TCHÉ	TCHÉ	DOUM	(.)
1	2	3	4	1	2

Onomatopée 2

TCHÉ	TCHÉ	TCHÉ	TCHÉ
1	2	3	4

Onomatopée 3

DU	CHO-	CO-	LAT
1	2	3	4

1. Chanter en marchant et en tapant dans les mains.
2. Chanter en marchant et en jouant de son instrument en scandant les syllabes.

À chaque fin d'exercice, donner le signal de l'arrêt en comptant « 1 – 2 – 3 – 4 – STOP », et reposer les instruments sur le tapis.

Sur cette suite d'onomatopées :

Onomatopée 4

HAM		HÉ	HO	HAM		HÉ	HO
1	2	3	4	1	2	3	4

1. Chanter sur place en tapant dans les mains
2. Ouvrir les bras sur HAM et taper dans les mains sur HÉ et HO

Rôle de l'enseignant

La posture

L'enseignant questionne, guette les propositions, donne la parole, exige l'écoute. Il observe les élèves, les laisse écouter, compte sur l'effet du groupe pour reproduire le rythme.

La gestion de classe

Il est exigeant : l'arrêt comme le départ doivent être précis ou recommencés, le rythme donné doit être respecté, sans que les élèves s'en emparent, ou le travail arrêté et repris. Les instruments doivent être posés **délicatement** sur le tapis pour qu'ils se reposent le temps des consignes ou des retours sur l'activité.

Le contenu

Il commence les rythmes à la voix, au clap ou au tambour pour que les élèves le rejoignent. Il prévoit l'arrêt en comptant la dernière mesure et habitue les élèves à s'arrêter tous ensemble sur le 1 de la mesure suivante. Il prévoit le départ en comptant une mesure à vide et habitue les élèves à commencer tous ensemble sur le 1 de la mesure suivante.

Critères observables

Même en collectif, il est possible d'observer chacun des élèves et savoir :

- qui écoute ;
- entre dans l'activité ;
- respecte le rythme ;
- dit les onomatopées.

Grâce à l'écoute globale, il est possible de savoir si tous suivent les consignes.

Variables didactiques

Cette séance peut être régulière tout au long de l'année ou se répéter sur une période courte pour arriver à monter un groupe de percussions.

Pour pallier un manque de matériel au niveau des instruments, il est possible d'en construire avec les élèves.

Séance filée n° 2
Jouer ensemble

Description de la séance

30 minutes

Étape 1. Échauffement corporel

Voir séance 1.

Étape 2. Coder les nuances et les rythmes

Assis, se rappeler des nuances et des rythmes faits lors de la séance précédente. Possibilité de les jouer avec les instruments avant de les codifier.
Une fois cette révision faite, trouver un code avec la hauteur de la main de l'enseignant pour les nuances, et un code écrit pour les rythmes afin de constituer une bibliothèque de rythmes.

Par exemple :

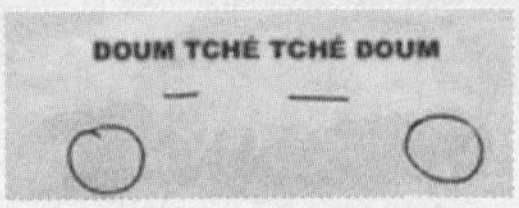

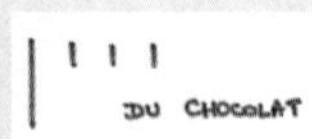

Étape 3. Suivre les consignes

- Se déplacer dans la salle et attendre la consigne du rythme à produire.
- L'enseignant demande un rythme tout en montrant le code.
- Il est possible de faire rythme par rythme et de donner le signal de l'arrêt en comptant « 1 – 2 – 3 – 4 – STOP » pour alterner silence/rythme.
- Il est également possible d'enchaîner les rythmes en donnant les consignes pendant le rythme précédent.

Étape 4. Lire et jouer une « partition »

- Les codes « rythme » étant connus des élèves, proposer une suite de codes à jouer. L'enseignant affiche les codes dans l'ordre de son choix.
- Pour commencer, il est essentiel de lancer un « appel » pour que tous les musiciens répondent « présents ». Cela se fait par un jeu de question/réponse : AKOUROUTÉ ! AKOUROUTA ! AKOUROUTÉ KOUROUTA !

Une fois l'appel fait, compter « 1 – 2 – 3 – 4 » à chaque changement de code.

Exemple :

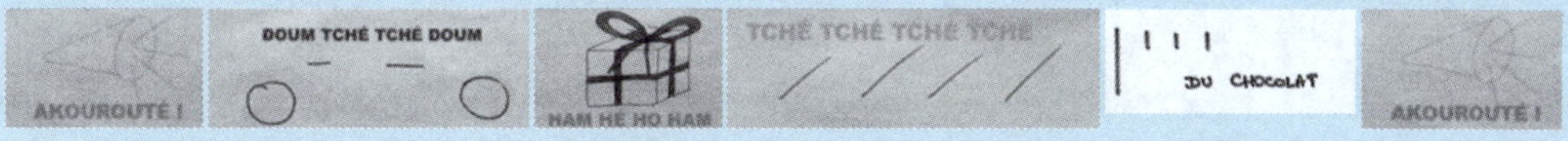

Étape 5. Écrire et jouer une « partition »

• Les codes « rythme » et « appel » sont à la disposition des élèves.
• En collectif, les élèves proposent une suite de codes à jouer en même temps, guidés par l'enseignant.

Rôles de l'enseignant

La posture

L'enseignant questionne, guette les propositions, donne la parole, exige l'écoute. Il observe, donne le temps aux élèves d'observer et d'écouter, compte sur l'effet du groupe pour suivre la partition.

La gestion de classe

Il est exigeant : l'arrêt doit être précis ou recommencé, le code montré doit être respecté, le changement de code doit s'entendre, ou le travail arrêté et repris.

Le contenu

Il joue les rythmes à la voix, au clap ou au tambourin pour donner un repère aux élèves. Il prévoit l'arrêt ou le changement de rythme en comptant la dernière mesure et exige une précision. Il donne des consignes de nuance et de tempo et fait en sorte qu'elles soient respectées.

Critères observables

• Même en collectif, il est possible d'observer chacun des élèves et savoir : qui écoute ; qui entre dans l'activité ; qui respecte le code ; qui propose un code.

• Grâce à l'écoute globale, il est possible de savoir si tous suivent les consignes : d'arrêt ; de départ ; de code ; de changement ; de nuance ; de tempo.

Traces

Voir séance 1. La partition jouée.

Variables didactiques

Cette séance peut être régulière tout au long de l'année ou se répéter sur une période courte en enrichissant les rythmes, les appels, et donc le répertoire de codes.

Prolongement de la séquence

Ouverture vers une autre discipline

Le travail d'écoute et de répétition rejoint les séances de phonologie avec les onomatopées comme pseudo-mots. La possibilité de construire des instruments comme les maracas, un bâton de pluie, un tambour, rejoint les séances en productions plastiques.

Transfert de compétences

Écouter, coder, lire le code sont des compétences nécessaires à la lecture.

Séquence n° 3

Affiner son écoute

- Séance n° 1 : *Danse hongroise n° 5*, Johannes Brahms

Description de la séquence

Objectifs du domaine d'apprentissage

- Développer :
  - la discrimination auditive ;
  - la sensibilité.
- Développer l'imaginaire.

Attendus de fin de cycle

- Parler d'un extrait musical et exprimer son ressenti ou sa compréhension en utilisant un vocabulaire adapté

Critères observables

- Écouter
- Répondre aux sollicitations

Objectifs langagiers

- Donner son avis
- Nommer les nuances
- Nommer la vitesse
- Comprendre le champ lexical musical :
  - fort ;
  - doux ;
  - lent ;
  - rapide.
- Utiliser le champ lexical musical.

Préparation organisationnelle, matérielle et spatiale de la classe

Organisation de la classe

En collectif, dans une salle polyvalente pour que les élèves puissent être assis ou évoluer dans l'espace

Matériel

Le support sonore et le matériel nécessaire à sa lecture (http://urlz.fr/5EmA)

Aménagement et/ou utilisation de l'espace

Aucun aménagement spécifique

Séance n° 1
Danse hongroise n° 5,
Johannes Brahms

Description de la séance

20 minutes

Étape 1. **Se préparer à écouter**

• Instaurer un rituel pour se préparer à l'écoute :
– assis ou allongé, demander aux élèves de poser un doigt sur le nez et de sentir l'air entrer et sortir lors de la respiration ;
– prendre ensuite le haut des oreilles entre le pouce et l'index de chaque main et masser jusqu'au lobe en déroulant l'ourlet de chaque oreille en même temps. Le faire trois fois de suite.

Étape 2. **Écouter**

• Demander aux élèves d'être à l'écoute les yeux fermés pour voir dans leur tête les images envoyées par ce qu'ils vont entendre et de rester silencieux, même s'ils dansent sur place en bougeant les bras et la tête, par exemple.
• Mettre en lecture *Danse hongroise* n° 5, de Brahms.
• Le morceau sur le lien en référence dure 3'20. Laisser les élèves écouter jusqu'au bout s'ils sont réceptifs. Sinon, arrêter à 1'20, avant l'introduction du nouveau thème.

Étape 3. **Échanger**

• Les élèves ouvrent les yeux et s'assoient s'ils étaient allongés pour un temps d'échange.
• L'enseignant leur demande :
– de nommer ce qu'ils ont vu dans leur tête et d'en expliquer les raisons ;
– de décrire le morceau par rapport au tempo, aux nuances, à la mélodie... ;
– de nommer les instruments reconnus ;
– d'indiquer si ce morceau leur a plu, pourquoi, quelles émotions cela leur a procuré.

Étape 4. **Réécouter**

• Attirer l'attention des élèves sur les éléments de l'échange précédent :
– le mouvement : lent ou rapide ;
– le caractère : triste ou gai ;
– les timbres : identification des instruments ;
– les nuances : fort, doux, de plus en plus fort, de plus en plus doux ;

– les différentes parties du morceau : les différentes mélodies, le thème principal que l'on peut fredonner.

Étape 5. Vivre l'écoute

• Donner la consigne avant de faire lever les élèves : « Vous allez mimer l'histoire que vous raconte cette musique, en respectant les nuances. »
• Les élèves évoluent dans la salle à l'écoute de la musique.

Étape 6. Voir l'écoute

Il est possible de proposer aux élèves de s'imaginer les musiciens jouer ce morceau pour observer le chef d'orchestre, les instruments, le visage des musiciens.

Rôle de l'enseignant

L'enseignant guide, est garant du silence, questionne, donne la parole, reformule.

Critères observables

Même en collectif, il est possible d'observer chacun des élèves et savoir :
- qui écoute ;
- qui partage son avis ;
- qui utilise le vocabulaire musical spécifique ;
- qui argumente ;
- qui utilise le vocabulaire des émotions ;
- qui propose des mouvements en adéquation avec la musique.

Traces

À recueillir dans un cahier :
- photos de l'élève en position d'écoute ;
- prise de notes de ce que les élèves disent lors de l'échange ;
- vidéo de l'évolution des élèves dans la salle ;
- portrait du compositeur et titre de la pièce.

Variables didactiques

Cette séance peut se faire en plusieurs temps. Il est également possible de donner d'autres consignes pour repérer les différentes parties du morceau, en s'asseyant à chaque transition.

Des livres musicaux peuvent être mis à disposition des élèves dans la bibliothèque de la classe, et un coin écoute peut être installé.

Prolongement de la séquence

Ouverture vers une autre discipline

Les œuvres proposées peuvent être un inducteur d'écriture pour une production d'écrits collective ou en groupe.

De plus, il est possible de travailler dans le domaine « agir, s'exprimer, comprendre à travers les activités artistiques », que ce soit en productions plastiques pour créer ce que la musique inspire ou en spectacle vivant en expression corporelle.

Enfin, il est également possible de travailler en « explorer le monde, se repérer dans le temps », avec la sensibilisation aux durées : temps court, temps long, en musique comme dans la vie ; en travaillant la chronologie avec des images séquentielles pour constituer la structure du morceau, et en employant des marqueurs temporels.

Transfert de compétences

Ces compétences d'écoute et d'interprétation sont à solliciter lors de la lecture d'albums et d'images.

6

Le spectacle vivant

Séquence n° 1 : Pratiquer quelques activités du spectacle vivant 101

Séance n° 1	Les funambules	103
Séance n° 2	Les jongleurs	106
Séance n° 3	Les acrobates	108
Séance n° 4	Le magicien	112
Séance n° 5	Vers la représentation	114

Marianne Caron
Marie-Ange Wilk

Séquence n° 1

Pratiquer quelques activités du spectacle vivant

Ce projet circassien comporte deux approches indissociables, qui se nourrissent l'une de l'autre :

• la rencontre avec les œuvres (spectacles) et les artistes, indispensable pour découvrir, comprendre et s'approprier les démarches et sensibilités propres à cet univers ;

• l'expérimentation concrète du travail, à travers laquelle l'enfant apprend la valeur créatrice de l'effort, de l'essai, du tâtonnement, jusqu'au dépassement de soi, dans un mélange de sensibilité et de performances physiques.

Il s'inscrit de ce fait comme un jalon du PEAC de l'élève.

Cette séquence nécessite un travail dans la durée, sur plusieurs mois consécutifs, voire sur l'année.

- Séance n° 1 : **Les funambules**
- Séance n° 2 : **Les jongleurs**
- Séance n° 3 : **Les acrobates**
- Séance n° 4 : **Le magicien**
- Séance n° 5 : **Vers la représentation**

Description de la séquence

Objectifs du domaine d'apprentissage, en relation avec le domaine : agir, s'exprimer, comprendre à travers l'activité physique

- Mettre en œuvre des capacités d'adresse, d'équilibre, de coordination, de latéralisation
- Adapter ses équilibres et ses déplacements à des environnements et des contraintes variés
- Développer les interactions entre l'action (collaborer, coopérer), les sensations, l'imaginaire, la sensibilité et la pensée
- Agir dans l'espace, la durée et sur les objets
- Développer des attitudes de « spectateur » et d'« acteur »
- Découvrir différentes formes d'expression artistique
- Développer des valeurs éducatives : éprouver le goût de l'effort, le dépassement de soi, la gestion du rapport prise de risque/sécurité, valoriser l'erreur comme composante des apprentissages

• Vivre et exprimer des émotions, formuler des choix
• Communiquer avec les autres au travers d'activités à visée expressive ou artistique

Attendus de fin de cycle

• Construire et conserver une séquence d'actions et de déplacements, en relation avec d'autres partenaires, avec ou sans support musical
• Proposer des solutions dans des situations de projet, de création, de résolution de problèmes, avec son corps, sa voix ou des objets sonores

Critères observables

• Oser mettre en jeu son corps avec et face aux autres : en imitant ce que fait l'enseignant, un artiste ou un pair, en inventant ou en assemblant des propositions après avoir fait un choix
• Occuper un espace et y évoluer
• Transformer ses façons usuelles d'agir et de se déplacer
• S'inscrire dans l'espace et le temps d'une production collective
• Témoigner de sa sensibilité à la portée poétique et esthétique du mouvement

Objectifs langagiers

• Échanger, s'exprimer (entre pairs, avec l'adulte et avec les spectateurs)
• Enrichir le vocabulaire corporel, des émotions, et acquérir le vocabulaire spécifique du cirque
• Nommer les actions sur soi et sur les autres

Préparation organisationnelle, matérielle et spatiale de la classe

Organisation de la classe

Les séances sont réalisées avec le groupe classe dans la salle de motricité.

Matériel

Matériel d'EPS, mallette cirque ou matériel fabriqué, un cahier de projet collectif, un appareil photographique

Aménagement et/ou utilisation de l'espace

Des règles de vie liées à l'EPS sont à élaborer avec les élèves, et ce, en fonction de l'activité physique et sportive proposée :

– organiser l'espace (gestion de l'espace) comme lors des pratiques d'activités physiques libres ou guidées, par l'installation de tapis adaptés en nombre suffisant, l'espace nécessaire entre les ateliers, l'accompagnement d'un camarade... ;

– mettre en place les trois « règles d'or » et les expliquer aux élèves (ne pas faire mal aux autres, ne pas se laisser faire mal, ne pas se faire mal...).

Dans tous les cas, les règles de SÉCURITÉ sont à rappeler aux enfants avant chaque séance.

Séance n° 1
Les funambules

Description de la séance

de 20 à 40 minutes

• Entrer dans la thématique en proposant des supports qui seront source d'inspiration :
– visionner un numéro de funambule, discuter avec les enfants : décrire (vêtements, ce qui se passe, mouvements effectués, réactions) ;
– présenter des œuvres picturales : Marc Chagall *Clowns, écuyères et funambules* ; Alexandre Calder *Le Calder's Circus*, mobile *Le Funambule* ;
– présenter des œuvres de littérature jeunesse : *Tu seras funambule comme papa !* de Frédéric Stehr, *Funambule* de Jack Sendak, *Sur le fil*, de Didier Levy.

• Définir ensemble les actions du funambule : se déplacer en équilibre.
L'alternance de ces séances en classe et des activités circassiennes crée et alimente progressivement le sens du projet.

Matériel
– caissettes, plots et anneaux ;
– bancs ;
– poutres basses ;
– chaises ;
– lattes accrochées par 2 (balancier), voiles, ombrelles, éventails… ;
– tapis de sécurité ;
– échasses, cerceaux, lattes.

Étape 1. Entrer dans l'activité

• Proposer 6 ateliers :
– des caissettes espacées ;
– un chemin de bancs ;
– un chemin de poutres ;
– une suite de chaises installées latéralement, espacées les unes des autres ;
– des échasses pour se déplacer sans poser un pied au sol ;
– une grosse corde posée au sol.

• Inviter les enfants à traverser le « vide » en empruntant les voies.
Par groupe de 4-5, les enfants se mettent en action : ils recherchent ensemble toutes les possibilités pour traverser, font des essais, répètent, corrigent, essaient les réponses des autres.

Cliché : Mariannea Caron école Casadesus Hulluch

Prévoir 10 min d'exploration/atelier.
Présentation des découvertes aux autres groupes pendant 10 min.
Cette recherche et cette présentation se font en 2 séances (3 ateliers/séance).

Étape 2. Enrichir les propositions

• **Introduire de nouvelles difficultés** dans les ateliers en agissant :
– sur le matériel : décaler les caissettes, choisir des bancs plus étroits, incliner les bancs, rehausser le niveau des poutres, ajouter des obstacles, se déplacer avec un anneau sur la tête, faire traverser en tenant un balancier (lattes) ;
– sur l'orientation corporelle : se déplacer latéralement, en marche arrière, sur les caissettes, bancs et poutres basses, sur la pointe des pieds, en pliant les genoux ;
– sur la relation à l'autre : se succéder en laissant des intervalles plus courts, se déplacer en duo, se croiser dans les traversées sans perdre l'équilibre, sans déséquilibrer son camarade.

• **Observer les différentes réponses motrices** en vue de les verbaliser et de les reproduire.

• **Constituer le bagage corporel** de la classe au fur et à mesure (photos numériques, vidéos).

Étape 3. S'entraîner, structurer les productions

Par petits groupes, chercher de nouvelles possibilités d'agir. Créer un petit parcours pour se déplacer, avec ou sans matériel : en avant, en arrière, sur le côté, sur la pointe des pieds, sur les talons, sur l'intérieur, sur l'extérieur des pieds, en pliant les jambes, accroupi, en tournant, en franchissant des obstacles (objets, camarades).

Étape 4. Réinvestir les productions

• Présentation des productions au collectif ; les photographier, les filmer
• Veiller à ce que chaque enfant soit acteur et spectateur : cette alternance voir/donner à voir permet de réfléchir collectivement pour définir **les critères de réussite des productions**, à partir de consignes d'observation spécifique :
– enchaîner sans s'arrêter et sans tomber ou poser un pied au sol ;
– se recevoir debout sur les deux pieds ;
– tenir sur un appui en comptant jusqu'à… ;
– se déplacer sans perdre l'équilibre en portant un objet à bout de bras, ou en ramassant les foulards posés sur la poutre ;
– fluidité entre les différentes actions.

Étape 5. Créer le numéro

En classe, repérer les caractéristiques d'une représentation circassienne à partir de vidéos :
– elle suscite des émotions (peur, joie, surprise) qui naissent du jeu, de la chorégraphie, de l'exploit, de l'étonnement ou de la poésie ;
– les acteurs font éprouver aux spectateurs des émotions dans des situations réelles ou simulées de vertige, de risque ;
– ils mettent en jeu une motricité inhabituelle grâce à des engins ou accessoires spécifiques.

• Observer les photos réalisées aux étapes 2 et 4 ; décrire et commenter les actions.
Dire ses goûts, ses préférences ; sélectionner les performances.
Préparer le numéro en alignant les photos des actions choisies : une entrée, un milieu, une sortie, en solo, en duo, ou en trio et plus.

• Théâtraliser les actions par demi-classe (acteurs/spectateurs) : créer un scénario dans lequel gestes, jeux de regard et accessoires éveilleront l'émotion des spectateurs pour les surprendre ou les troubler :
« ex. : lors d'un passage difficile, simuler la peur : s'arrêter, faire semblant de chercher quelqu'un du regard pour demander de l'aide, solliciter les encouragements, hésiter, puis passer l'obstacle. »

• Noter les idées sur le cahier de projet.

• Pour la phase de mémorisation, il est intéressant de s'entraîner à faire chaque mouvement séparément puis à les enchaîner.
Proposition de support musical : musique du film *La Strada* de Nino Rota.

Rôle de l'enseignant

• Valoriser les actions de chacun et les aider progressivement à enrichir et transformer leurs mouvements (proposer plusieurs niveaux de difficulté)
• Les aider à entrer en relation, accepter les idées des autres
• Encourager l'improvisation
• Proposer des temps de bilan pour amener l'enfant à acquérir un regard réflexif sur ce qu'il est en train de faire afin de l'aider à percevoir ce qui est en jeu dans les situations d'apprentissage : échanger sur ce qui a été fait, les actions nouvelles et/ou originales, les progrès réalisés, les peurs, les difficultés, les plaisirs
• Être « régulateur » dans les ateliers
• Expliciter les critères de réussite, les faire valider par les pairs : responsabiliser les enfants
• Prévoir l'évaluation et l'autoévaluation sous forme de petites fiches avec smileys

Observables comme outils d'évaluation positive

L'enseignant observe que l'enfant commence à réussir ou réussit régulièrement à :
- s'équilibrer seul, avec des objets ;
- coopérer avec d'autres pour construire collectivement un enchaînement d'actions ;
- exprimer intentionnellement des émotions par le visage ou par le corps ;
- être actif et attentif quand il est spectateur ;
- anticiper, réaliser, montrer à d'autres un projet de parcours.

Traces

Un cahier de projet collectif conserve les traces graphiques (dessins, croquis, schémas...), écrites (mots ou phrases) et photographiques (étapes et enchaînement des numéros), indispensables à la préparation de la représentation.

Séance n° 2
Les jongleurs

Description de la séance

de 20 à 40 minutes

Matériel

- anneaux ;
- balles de jonglage (poids, matières et grosseurs différentes) ;
- foulards ;
- cerceaux ;
- petits sacs lestés ou en tissu.

• Entrer dans la thématique en :
- visionnant un numéro de jonglage ;
- discutant avec les enfants : décrire (vêtements, ce qui se passe, mouvements effectués, réactions) ;
- présentant des œuvres picturales : Marc Chagall, *Le Jongleur* (1943), Bernard Buffet, *Le Jongleur*, planche extraite de l'album *Mon cirque* (1968) ;
- présentant des œuvres de littérature jeunesse : *Le Cirque de Philbert* de Samuel Ribeyron, Livre-CD de Bruno Vay *Le Jongleur*.

• Définir ensemble les actions du jongleur : jongler, lancer, rattraper, faire tourner.

Étape 1. Explorer le matériel de jonglage

• Proposer de **manipuler librement** les objets de jonglage (1 par enfant dans chaque atelier).
• **Répertorier** les différentes façons de lancer un foulard, un anneau, une balle ; faire des essais.

Étape 2. Enrichir les propositions

• **Complexifier les consignes** de lancer et de réception :
- **Avec 1 objet** :
  - à 2 mains, à 1 main ;
  - lancer l'objet d'une main, le rattraper de la même main puis de l'autre ; d'abord une seule fois, puis enchaîner les lancers ;
  - petit lancer (bras près du corps), grand lancer (bras éloigné du corps) ;
  - sous la jambe, sous le bras... ;
  - lancer haut puis effectuer une figure (frapper des mains, effectuer ¾ de tour, ½ tour, 1 tour complet...) ;
  - à deux, face à face, travail en miroir (le meneur varie ses jonglages et le second l'imite) ;
  - en groupe, avec un meneur, les autres l'imitent.

– **Avec 2 objets (s'exercer d'abord avec un foulard pour permettre aux enfants d'être en réussite) :**

- lancer alterné : lancer et réception de deux objets, main droite main gauche ;
- lancer simultané : lancer et réception de deux objets, main droite main gauche ;
- lancer les objets, l'un après l'autre, ne pas les rattraper dans un premier temps ; lancer le deuxième objet lorsque le premier est à l'apogée de sa trajectoire.

• **Observer** les différentes réponses motrices en vue de les **verbaliser** et de les reproduire.

• **Constituer le bagage corporel** de la classe au fur et à mesure (photos numériques, vidéos).

Étape 3. S'entraîner, structurer les productions

Faire des essais par groupes de 2 enfants ; chercher de nouvelles possibilités d'agir, **d'enchaîner les mouvements** en variant ou non la position du corps (debout, assis, à genoux...).

Étape 4. Réinvestir les productions

• Présentation des productions au collectif ; les photographier, les filmer.
• Réfléchir collectivement pour **définir les critères de réussite** des productions, à partir de consignes d'observation spécifique :
– réussir à lancer et rattraper ;
– le nombre de lancer/rattraper enchaînés réussis ;
– fluidité entre les différentes actions.

Étape 5. Créer le numéro

Voir séance 1.
Proposition de support musical : Musique du film *Chat noir chat blanc* de Kusturica (ex. : morceau n° 8).

Rôle de l'enseignant

Voir séance 1

Observables comme outils d'évaluation positive

Voir séance 1

L'enseignant observe que l'enfant commence à réussir ou réussit régulièrement à :
– lancer (assis, à genoux, debout) et rattraper de différentes hauteurs ;
– ajuster ses actions et ses déplacements en fonction de la trajectoire de l'objet envoyé par un pair ;
– s'engager dans l'activité dans la durée et explorer différents possibles, à partir d'objets manipulables.

Traces

Voir séance 1

Séance n° 3
Les acrobates

Description de la séance

de 20 à 40 minutes

Matériel
– tapis,
– 1 chaise/enfant.

Entrer dans la thématique en proposant :
– des œuvres picturales : Marc Chagall, *L'Acrobate* (1914) – Raoul DUFY, *Acrobates sur un cheval de cirque* (1934) ;
– des œuvres de littérature jeunesse : *Pablo et la Chaise*, Delphine Perret.

Définir ensemble les actions de l'acrobate : se déplacer en marchant, en sautant ou en roulant, seul ou à plusieurs, se renverser, s'équilibrer dans différentes positions sur engins instables, porter, voltiger, parer à plusieurs (acrosport).

Étape 1. **Découvrir des techniques d'acrosport**

Au préalable, travailler la tonicité du corps et la stabilité des appuis au sol lors de séances de jeux d'opposition :
ex. : les chasseurs et les tortues : la tortue doit utiliser le poids de son corps pour résister à l'adversaire.

L'acrochaise
• Entrer dans l'activité à partir d'un album déclencheur (*Pablo et la Chaise*, Delphine Perret) : lire et identifier les illustrations possibles à reproduire
• Au son du tambourin, se déplacer dans l'espace sans contact avec les chaises en marchant, en sautant, en courant, en quadrupédie, en rampant…
• À l'arrêt du tambourin, s'immobiliser en contact avec une chaise
• Au second arrêt, s'immobiliser et prendre appui avec les pieds sur la chaise. Idem avec les mains, les genoux, la tête, le ventre…
• Travail par 2 : un enfant est assis, son partenaire se place sur lui en recherchant l'équilibre. Puis les rôles sont inversés.

Les pyramides

Nommer et montrer les points sur lesquels on peut s'appuyer sans risque de blesser.

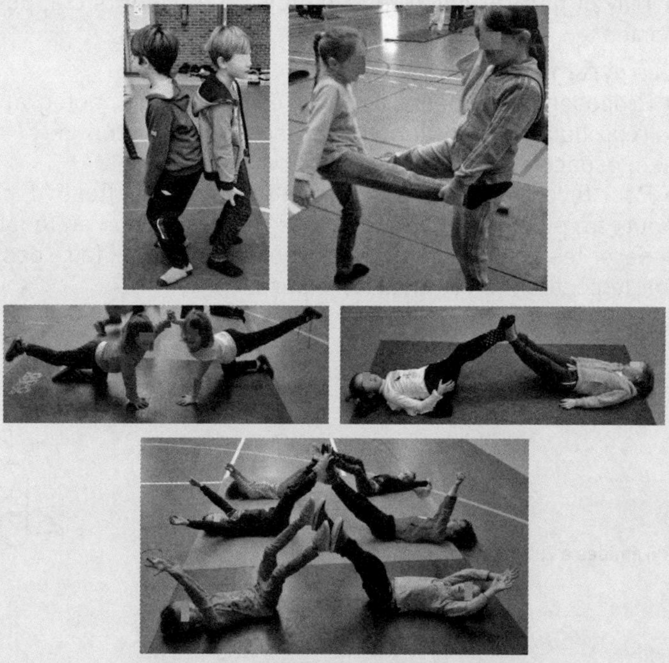

Clichés : Marianne Caron école Casadesus Hulluch

• Par 2 : un enfant est assis, son partenaire se place sur lui en recherchant l'équilibre. Puis les rôles sont inversés. Faire d'autres recherches pour s'équilibrer à 2 : à 2 debout, assis, 1 debout et l'autre assis...

Exemples :

Source : Dessins réalisés par Marie-Ange Wilk

• Par 6 (2 porteurs, 2 voltigeurs, 2 pareurs), chercher comment s'équilibrer sur son partenaire

• Répertorier les différentes façons de s'équilibrer ; faire des essais

Étape 2. **Enrichir les propositions**

L'acrochaise

- Garder la position, le temps de compter jusqu'à 5.
- Travail par 2 : le voltigeur supprime les points d'appui, il lâche la main du porteur.

Les pyramides

- Proposer de lire et décrire une représentation photographique ou dessinée, et la reproduire corporellement : passage d'une lecture de l'espace en 2 dimensions à un espace en 3 dimensions (et inversement)
- Pour favoriser la coopération et la création collective, proposer de créer des figures à plusieurs : déterminer le rôle de chacun en fonction de ses capacités, repérer les enfants de même corpulence et taille, faire des essais pour déterminer le porteur, le voltigeur et le pareur

Pyramides à 2, à 3 :

Pyramides à 4, à 5 :

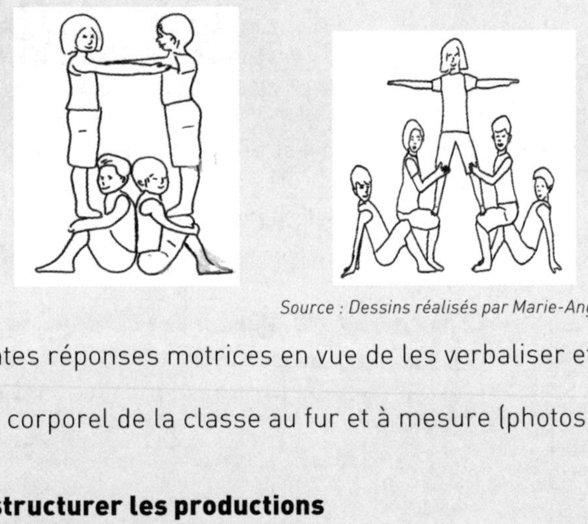

Source : Dessins réalisés par Marie-Ange Wilk

- Observer les différentes réponses motrices en vue de les verbaliser et de les reproduire
- Constituer le bagage corporel de la classe au fur et à mesure (photos numériques, vidéos)

Étape 3. **S'entraîner, structurer les productions**

- Faire des essais par groupes de 6 ou 7 enfants
- Chercher de nouvelles possibilités d'associer plusieurs figures : ex. : 3 porteurs, 2 voltigeurs debout, 2 pareurs.

Étape 4. **Réinvestir les productions**

- Présentation des productions au collectif ; les photographier, les filmer
- Réfléchir collectivement **pour définir les critères de réussite** des productions, à partir de consignes d'observation spécifique : reconnaître la figure, la valider par comparaison des supports et des figures réalisées ; tenir la figure en respectant le modèle durant le temps imparti ; réaliser une pyramide à 2, à 3, à 4 ; fluidité entre les différentes actions.

Étape 5. Créer le numéro

Voir séance 1

- Enchaîner pyramides et/ou actions individuelles selon une mise en scène précise.
- Théâtraliser les déplacements, en duo ou en trio, successivement, au rythme de la musique (ex. : arrivée des 3 porteurs, puis des 2 voltigeurs et les 2 pareurs)
- Coordonner les actions, en duo ou en trio.

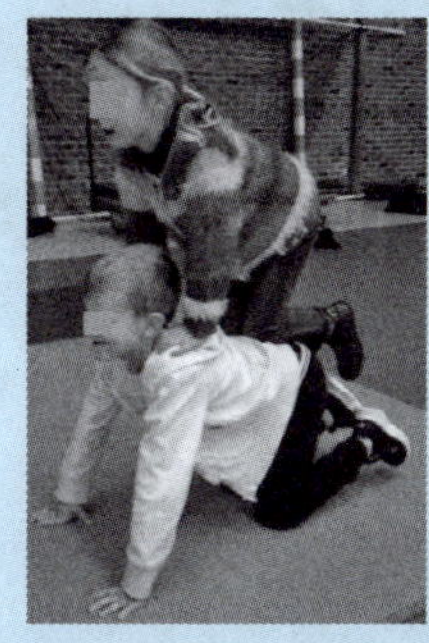

Clichés : Marianne Caron, école Casadesus Hulluch

Proposition de support musical : Lully : *Le Bourgeois Gentilhomme, LWV 43 – Marche pour la cérémonie des Turcs.*

Rôle de l'enseignant

Voir séance 1

- Présenter puis faire rappeler les règles de sécurité au début de chaque séance :

Acrochaise :

– la ou les chaises doivent être stables, c'est-à-dire ne pas bouger ou basculer si je suis en équilibre dessus ;
– installation de la ou des chaises à 2 m des camarades (périmètre de sécurité).

Pyramides :

– connaître les surfaces d'appui **autorisées** (niveau omoplates et bassin) ;
– connaître les points d'appui **interdits** (dorsales et cervicales) ;
– privilégier pour des raisons de tonicité pour le porteur une posture à quatre pattes en appui sur les avant-bras, voire une posture en boule ;
– identifier les trois rôles : porteur, voltigeur et pareur ;
– communiquer verbalement et corporellement pour anticiper, agir, réagir et parer : ex. : le porteur doit compter jusqu'à 3 pour permettre au voltigeur de se placer en appui ; stabiliser la figure en comptant jusqu'à 3 ; convenir d'un signal de fin pour le démontage de la figure.

- Faire oraliser le positionnement des enfants dans les différentes productions.

Observables comme outils d'évaluation positive

L'enseignant observe que l'enfant commence à réussir ou réussit régulièrement à :

- oser proposer, reproduire ou inventer des actions nouvelles, remettant en jeu les repères habituels ;
- coopérer avec d'autres pour construire collectivement ;
- se risquer à des déséquilibres afin de réaliser des « acrobaties » et montrer à d'autres ses trouvailles, ses propres « exploits ».

Traces

Voir séance 1

Réaliser un répertoire collectif des attitudes trouvées par chacun. Ce répertoire sera alors décrit et écrit (dictée à l'adulte) en attitudes reconnues et répertoriées : assises, debout, accroupies.

Séance n° 4
Le magicien

Description de la séance

20 minutes

Matériel
Malle contenant vêtements, chaussures, chapeaux et autres accessoires du cirque ; un miroir 3 pans afin que les jeunes acteurs puissent s'évaluer de face comme de profil ; une penderie pour suspendre les vêtements.

Entrée dans la thématique :
– des œuvres de littérature jeunesse : *Le Roi et le Magicien*, de Piotr Wilkon, *Marcel le Magicien*, d'Anthony Browne.
Définir ensemble les actions du magicien : faire disparaître, faire apparaître des personnes ou des objets, se transformer ou transformer des personnes ou des objets.

Étape 1. Entrer dans l'univers du magicien

• Proposer de construire avec les enfants un espace déguisement qui suit l'évolution du projet.
• Aménager l'espace :
– demander de préciser les critères qui définissent les personnages du cirque : la baguette magique pour le magicien, le nez rouge pour le clown... ;
– les objets emblématiques tels qu'ils sont rencontrés dans les histoires lues, dans les extraits de vidéos sont entreposés dans des caisses, malles ou corbeilles ;
– les espaces bricolage ou arts visuels peuvent contribuer à la réalisation de vêtements et d'accessoires.

Cet espace favorise les jeux d'imitation et de scénarisation, et permet aux enfants d'endosser ici les attributs du magicien, en facilitant l'identification à celui-ci.

Étape 2. Se transformer

• **Mimer des animaux**
– Exploration en groupe classe sur *Le Carnaval des animaux*, de Camille Saint-Saëns (1886).
– Consigne : « Mimez les animaux en vous déplaçant au rythme de la musique. Cherchez toutes les façons de vous déplacer. »
– Observer les propositions faites par les enfants.
– Préciser ensemble les caractéristiques des animaux.
– Inciter à l'exagération des mouvements.

• **Enrichir les actions**
– Exploration en petits groupes sans support musical.
– Consigne : « Mimez l'animal de votre groupe pour le présenter aux autres groupes. »
– Éléphant : mimer la trompe avec le bras, marche lente et lourde.
– Oiseau : qui vole et sautille légèrement, mouvement ample des bras.
– Lion : mimer le rugissement en ouvrant la bouche, bondit.
– Personnages à longues oreilles : petits sauts à pieds joints, mimer les oreilles avec la main.

• **Mimer un animal et le présenter aux autres**
– Présentation aux autres groupes.
– Consignes pour les danseurs : faire deviner un animal en utilisant les mouvements de son corps ; faire plusieurs actions différentes.
– Consignes pour les spectateurs : regarder les mouvements du danseur jusqu'au bout (signal d'arrêt à préciser avec eux) ; identifier l'animal choisi ; expliquer son choix.

Étape 3. Réinvestir les productions

• Les enfants marchent, s'immobilisent quand la musique s'arrête.
Passer auprès de plusieurs enfants et leur **donner une consigne à l'oreille** (ex. : « je suis un magicien, **je te transforme en** grenouille, en ours, en papillon, en serpent, en souris…).
À la reprise de la musique, les enfants miment ou se déplacent en tenant compte de la consigne.
• Exploration en demi-groupe de manière à ce que la moitié de la classe devienne observatrice pour **répertorier, verbaliser** les différents mouvements trouvés.
• **Définir les critères de réussite** des productions, à partir de consignes d'observation spécifique :
– le type de déplacement correspond à celui de l'animal cité ;
– expressivité des mouvements ;
– fluidité entre les différentes actions.

Étape 4. Créer le numéro

Voir séance 1
Proposition de support musical : *Le Carnaval des animaux (l'aquarium)*, de Camille Saint-Saëns (1886)

Rôle de l'enseignant

Voir séance 1

Observables comme outils d'évaluation positive

Voir séance 1

L'enseignant observe que l'enfant commence à réussir ou réussit régulièrement à :
– occuper un espace et y évoluer ;
– oser mettre en jeu son corps avec et face aux autres : en imitant ce que fait l'enseignant ou un pair, en inventant.

Séance n° 5
Vers la représentation

Description de la séance

40 minutes

Étape 1. Composer

• **Un fil conducteur**, une thématique, un scénario va aider à faire du lien, à donner du sens, à créer un univers, à la fois pour les acteurs mais également pour les spectateurs.

• **Choisir son numéro**

– Récapituler tous les numéros dans un tableau en s'appuyant sur les traces du cahier de projet.

– Inviter chaque enfant à exprimer ses goûts, ses préférences, puis à s'inscrire à un numéro.

<table>
<tr><th colspan="3">La représentation de ....</th></tr>
<tr><td rowspan="3">n° 1</td><td rowspan="3">numéro de funambules</td><td>Photos du numéro placées dans l'ordre chronologique :
Photo 1 | Photo 2 | | </td></tr>
<tr><td>Écrire sous chaque photo les émotions à faire ressentir</td></tr>
<tr><td>Sous chaque photo, inscription des enfants</td></tr>
<tr><td rowspan="3">n° 2</td><td rowspan="3">numéro de …</td><td></td></tr>
<tr><td></td></tr>
<tr><td></td></tr>
</table>

• **Choisir un déroulement**

Faire des choix d'assemblage de numéros qui s'enchaînent, s'articulent, avec :
- un début : une manière d'entrer en scène, de stimuler la curiosité du spectateur ; définir le rôle de Monsieur Loyal, annonciateur des numéros et des artistes ;
- des liaisons et une organisation chronologique, avec un réinvestissement des situations vécues précédemment ;
- une fin, concrétisée par la grande parade : un défilé en musique de tous les « artistes » ; par petits groupes (de 3 à 6), chercher toutes les façons de se déplacer pour évoluer dans l'espace sur le rythme d'une musique ; ajouter des mouvements de bras, des sauts, des contacts...

Étape 2. S'entraîner

• **Se repérer dans le temps**

- Structurer le temps de la représentation (quelle qu'en soit la durée) :
  - définir le rythme (ni trop lent, ni trop rapide), la succession, les enchaînements, les temps forts, les silences, choisir les musiques ;
  - le montage des musiques retenues accompagne la production, sert de cadre aux enfants et leur permet de se repérer.

• **Se repérer dans l'espace**

- Structurer l'espace de la représentation :
  - définir l'occupation de l'espace : créer des décors de scène, matérialiser au sol une piste circulaire, aménager les entrées et sorties de scène avec du matériel pour aider au repérage des enfants ;
  - définir la mise en espace des numéros : dispersion, lignes, colonnes, formes géométriques, travail en symétrie, travail en parallèle.
- Utilisation des 3 dimensions (haut/bas, avant/arrière, droite/gauche...)

• **Se repérer parmi les autres (acteurs et spectateurs)**

- Structurer les groupes :
  - se mettre en scène : se présenter devant un public, réaliser une entrée et une sortie ;
  - évoluer ensemble, en solo, en duo, en trio, en petits ou grands groupes ;
  - se regarder, s'écouter, coordination du ou des groupes ;
  - le choix des tenues, simples mais harmonisées donc « visuelles », des accessoires, du maquillage servent également de repères, tant pour les acteurs que pour les spectateurs.

Étape 3. Informer

• Réaliser la programmation de la représentation : affiches, invitations, banderoles...
• Réaliser une exposition qui donnera à voir le cahier de projet, des maquettes, des peintures, des volumes, des photographies, des films...

Rôle de l'enseignant

Il est le metteur en scène qui :
- aide les enfants à se repérer, à mémoriser les différentes phases du projet ;
- les encourage et valorise les trouvailles, les surprises, l'originalité ;
- réajuste le projet « chorégraphique » si besoin ;
- propose des temps d'observation et d'échanges.

Observables comme outils d'évaluation positive

Voir séance 1

L'enseignant observe que l'enfant commence à réussir ou réussit régulièrement à :

- enchaîner, dans la continuité, une succession d'actions différentes en respectant les contraintes de réalisation ou les critères de réussite proposés afin d'atteindre le but recherché ;
- inscrire ses actions et ses déplacements en relation avec les autres, dans un espace scénique commun orienté, dans le cadre d'un projet présenté à des spectateurs ;
- devenir un spectateur actif et attentif ;
- témoigner de sa sensibilité à la portée poétique et esthétique du mouvement ;
- exprimer intentionnellement des émotions par le visage ou par le corps ;
- prendre plaisir à entrer petit à petit dans la peau d'un personnage de cirque.

PARTIE 4

Construire les premiers outils pour structurer sa pensée

7 Découvrir les nombres et leurs utilisations

Séquence n° 1 : Les nombres comme mémoire de la quantité 121

Séquence n° 2 : Fréquenter les compléments à 10 et commencer à les mémoriser 128

8 Explorer des formes, des grandeurs, des suites organisées

Séquence n° 1 : Explorer les formes planes 137

Séquence n° 2 : Réaliser des algorithmes 148

Découvrir les nombres et leurs utilisations. Programmation annuelle. GS

<table>
<tr><th>Objectifs et éléments de progressivité</th><th>Période 1</th><th>Période 2</th><th>Période 3</th><th>Période 4</th><th>Période 5</th></tr>
<tr><td rowspan="7">Utiliser les nombres
1 à 10 éléments</td><td colspan="5">Évaluer et comparer des collections d'objets avec des procédures non numériques ou numériques*
Perception globale des quantités (disposées de même façon, différemment), mémorisation
En comptant d'un en un les éléments
Vocabulaire : Autant que, moins que, plus que</td></tr>
<tr><td colspan="5">Réaliser une collection dont le cardinal est donné*
En comptant d'un en un les objets de chaque collection
Choisir ou prendre une collection d'objets de même quantité, dire la quantité d'objets présents
Désigner la collection de plus grande quantité ou de plus petite :
par correspondance terme à terme, par comptage d'un en un des éléments
Compléter une collection : dire combien il faut ajouter, combien il manque
Vocabulaire : juste ce qu'il faut, juste assez, pas un de plus, pas un de moins</td></tr>
<tr><td colspan="5">Utiliser le dénombrement pour comparer deux quantités, pour constituer une collection d'une taille donnée ou pour réaliser une collection de quantité égale à la collection proposée*</td></tr>
<tr><td colspan="2">Par la perception globale des quantités</td><td colspan="3"></td></tr>
<tr><td></td><td colspan="4">Par un comptage d'un en un, indiquer oralement la quantité</td></tr>
<tr><td colspan="5">Mobiliser des symboles analogiques, verbaux ou écrits, conventionnels ou non conventionnels pour communiquer des informations orales et écrites sur une quantité
Reconnaître les doigts des deux mains*, les constellations*, les cartes à points…,
écrire les chiffres de 1 à 10*</td></tr>
<tr><td colspan="5">Utiliser le nombre pour exprimer la position d'un objet ou d'une personne, dans un jeu, dans une situation organisée, sur un rang ou pour comparer des positions numériques
Déterminer un objet ou une personne à partir de sa position donnée par un nombre oral jusqu'à la 10e
En comptant d'un en un avec les mots-nombres indiquant des quantités ou des positions, montrer, dire l'objet dont la position est donnée</td></tr>
<tr><td rowspan="2">Étudier les nombres
1 à 10 éléments</td><td colspan="5">Avoir compris que le cardinal ne change pas si on modifie la disposition spatiale ou la nature des éléments
Quantifier des collections jusqu'à dix au moins ; les composer et les décomposer par manipulations effectives puis mentales. Parler des nombres à l'aide de leur décomposition
Dire le mot-nombre correspondant au cardinal d'une collection proposée,
d'une collection précédemment dénombrée à laquelle on ajoute un élément
Matérialiser la décomposition avec les doigts de la main, des objets, constellations de dés, configurations de doigts, cartes à points 1 à 10 ou plus* activités ritualisées
Échanger des quantités
Verbaliser, mémoriser les décompositions d'un nombre
Calculer la quantité d'une réunion de deux collections de quantités connues (avec manipulations)
Calculer la quantité d'une collection sur laquelle une transformation s'opère (avec manipulations)
Ajouter, retirer
Calculer la transformation d'une collection à partir de la quantité initiale et de la quantité finale :
trouver combien on a retiré, ajouté</td></tr>
<tr><td colspan="5">Dire la suite des nombres jusqu'à trente.
Lire les nombres écrits en chiffres jusqu'à dix
Suite orale des mots-nombres jusqu'à 30, de 1 en 1, de 2 en 2, en reculant pour les 10 premiers nombres
Jeux de doigts. Comptines numériques ou chants. Livres à compter. Activités physiques</td></tr>
</table>

Indépendamment ou en complément des compétences transversales, certaines d'entre elles sont à mobiliser prioritairement durant des périodes spécifiques. Rien n'empêche toutefois de les anticiper voire de les poursuivre.

*Points développés dans l'ouvrage dans le cadre de séances

Explorer des formes, des grandeurs, des suites organisées. Programmation annuelle. GS

Objectifs et éléments de progressivité	Période 1	Période 2	Période 3	Période 4	Période 5
Classer des objets en fonction de caractéristiques liées à leur forme	**Classer des objets en fonction de caractéristiques liées à leur forme** **Savoir nommer quelques formes planes (carré, triangle, cercle ou disque, rectangle).**				
	3 étapes				
		se représenter – reproduire – nommer*			
	Reconnaître quelques solides (cube, pyramide, boule, cylindre).				
	la boule / le cylindre / le cube				
			la pyramide		
	Classer ou ranger des objets selon un critère de longueur, ou de masse, ou de contenance.				
	Classer ou ranger des objets selon un critère de longueur				
		Classer ou ranger des objets selon un critère de masse Classer ou ranger des objets selon un critère de contenance			
	Reproduire un assemblage à partir d'un modèle. (puzzle, pavage, assemblage de solides)				
	Reproduire, dessiner des formes planes.				
	4 étapes				
		se représenter – reproduire – nommer – dessiner*			
	Identifier le principe d'organisation d'un algorithme et poursuivre son application. 3 étapes : – poursuivre un algorithme 1 + 1 + 1 sur une ligne – poursuivre un algorithme 1 + 2 + 1 sur une ligne – poursuivre un algorithme sur une double ligne*				

Indépendamment ou en complément des compétences transversales, certaines d'entre elles sont à mobiliser prioritairement durant des périodes spécifiques. Rien n'empêche toutefois de les anticiper voire de les poursuivre.

*Points développés dans l'ouvrage dans le cadre de séances

7

Découvrir les nombres et leurs utilisations

Séquence n° 1 : Les nombres comme mémoire de la quantité 121

Séance n° 1 Les parapluies 123

Séance n° 2 Les paquets-cadeaux 125

Séquence n° 2 : Fréquenter les compléments à 10 et commencer à les mémoriser 128

Séance n° 1 Le chemin 130

Séance n° 2 La course à 5, à 10 132

Séance n° 3 La commande de hamburger 134

Martine Pawlak

Séquence n° 1

Les nombres comme mémoire de la quantité : construire le nombre pour exprimer des quantités

- Séance n° 1 : **Les parapluies**
- Séance n° 2 : **Les paquets-cadeaux**

Description de la séquence

Objectifs du domaine d'apprentissage

Réaliser une collection qui comporte la même quantité d'objets qu'une autre collection éloignée.

- Séance n° 1 : mémoriser la collection ou procéder par dénombrement
- Séance n° 2 : construire une collection pour qu'elle ait autant d'éléments qu'une collection donnée

Attendus de fin de cycle

- Évaluer et comparer des collections d'objets avec des procédures numériques ou non numériques : « L'enfant doit concevoir que la quantité n'est pas la caractéristique d'un objet mais d'une collection d'objets et que le nombre sert à mémoriser la quantité. »
- Utiliser le dénombrement pour comparer 2 quantités, pour constituer une collection d'une taille donnée ou pour réaliser une collection de quantité égale à la collection proposée

Critères observables

- Comparer par correspondance terme à terme
- Utiliser différentes procédures : reconnaissance et reproduction de constellations, dénombrement
- Expliquer ce que l'on fait, ce que l'on a fait
- Comprendre : « juste assez, juste ce qu'il faut, pas un de plus, pas un de moins »
- Utiliser à bon escient : « plus que, moins que, autant que »

Objectifs langagiers

- **Comprendre** les expressions « juste ce qu'il faut », « juste assez »
- **Expliquer** comment on a procédé
- **Syntaxe :** exprimer par le vocabulaire adapté, le résultat de la comparaison : « autant que », « moins que », « plus que ». Former des phrases avec « parce que »

Préparation organisationnelle, matérielle et spatiale de la classe

Organisation de la classe / aménagement de l'espace

Séance n° 1

– Salle de classe, un atelier de 4 à 6 enfants.
– 2 espaces : une table éloignée pour les jetons, une table sur laquelle les enfants poseront leur carte

Séance n° 2

– 2 espaces : une table éloignée pour les cubes, une table sur laquelle les enfants poseront leur carte

Matériel

Séance n° 1

- Des jetons en grande quantité
- Des cartes parapluies avec empreintes de points (constellations organisées et non organisées de collections de 2 à 10 éléments)
- Une boîte par enfant pour le transport des jetons

Séance n° 2

- Par enfant : une carte « paquet-cadeau » sur laquelle est représenté un quadrillage vierge de 25 cases, une boîte pour le transport des cubes
- Des cartes modèles « paquet-cadeau quadrillé » de différents niveaux (10 à 25 cases coloriées de 2 à 4 couleurs)
- Une quantité importante de cubes de 4 couleurs
- Du papier, des feutres, des crayons de papier, des gommettes

Séance n° 1
Les parapluies

Description de la séance

20 minutes

Étape 1. Activités d'appropriation de l'élève avec le sens de la tâche – Manipulation

- Chaque enfant reçoit une carte parapluie différente (constellations organisées).
- Les jetons sont au centre de la table.

Recherche de la consigne : « rendre au parapluie ses pois ».

Tâche pour l'enfant : prendre le nombre de jetons nécessaires pour recouvrir les empreintes de pois.

Critères de réussite : chaque empreinte est recouverte d'un jeton. Il n'y a plus de jeton dans la boîte.

Étape 2. Activités de recherche individuelle – Manipulation – Structuration

- Les jetons sont disposés sur une table éloignée.
- Distribution d'une autre carte parapluie.

Consigne : « Va chercher des jetons pour recouvrir les empreintes des pois de ton parapluie, mais en faisant un seul voyage. Tu dois prendre juste ce qu'il faut de pois. »Reproduction de cette situation plusieurs fois en variant la valeur des cartes.

Échange oral collectif : mise en commun des procédures de résolution, par reconnaissance et reproduction des constellations, par dénombrement ou par les deux procédures.

Étape 3. Activité de consolidation

La consigne reste la même mais avec des cartes parapluies dont les constellations sont désorganisées. L'objectif est d'amener les enfants à utiliser le dénombrement, mais sans leur demander de compter, les laisser utiliser la stratégie de leur choix. C'est la situation qui incitera l'enfant à dénombrer.

Rôle de l'enseignant

- Accompagner l'enfant : l'aide à mettre des mots sur sa procédure, à aller au bout de sa démarche, à valider son travail.
- Faire formuler les différentes façons de résoudre la tâche.
- Proposer des aides selon les difficultés rencontrées.

Observables comme outils d'évaluation positive

L'enfant :

- retrace les étapes de la réalisation de la tâche ;
- explique une réussite ou une erreur ;
- a une perception globale de la configuration ;
- exprime une quantité avec les doigts de la main ;
- réalise une collection égale à une autre ;
- dit le mot-nombre correspondant au cardinal de la collection.

Traces

Des photographies de différents parapluies.

Variables didactiques

- La disposition des objets : dans la « réserve », les jetons sont en désordre et mobiles. Sur les cartes, ils sont fixes et en constellations, ou alignés, ou en désordre. Certains sont très espacés, d'autres serrés.
- Varier de 2 à 10 le nombre d'objets. Entre 2 et 5 objets, l'enfant peut réussir sans pointage. Au-delà, il doit utiliser l'énumération et la comptine numérique.
- Si un enfant a des difficultés dès l'étape 2, lui proposer plusieurs fois la situation avec les jetons devant lui avant de proposer de nouveau l'éloignement.

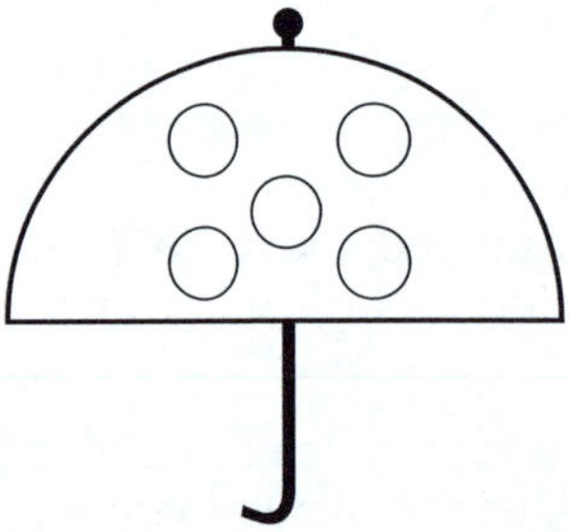
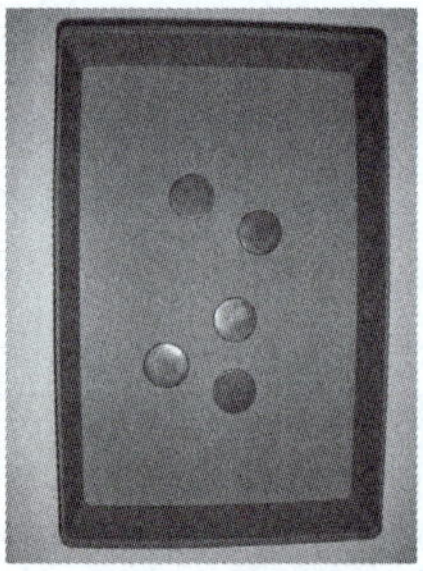
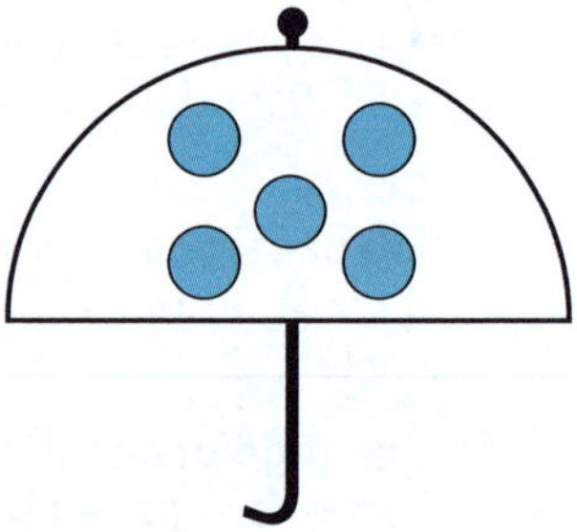

Séance n° 2
Les paquets-cadeaux

Description de la séance

20 minutes

Étape 1. Appropriation de la tâche – Manipulation – Verbalisation

- Les cubes sont disposés au centre de la table.
- Chaque enfant reçoit un paquet-cadeau vierge et un modèle à reproduire.

Recherche de la consigne par les enfants : « prendre les cubes de la bonne couleur pour reproduire le paquet cadeau. »

Verbalisation : comment sait-on que l'on a réussi ?

Critères de réussite : le nombre de cubes de chaque couleur est identique au modèle. En posant les cubes sur la carte modèle, toutes les empreintes de couleur sont recouvertes d'un cube.

Étape 2. Activités de recherche individuelle – Manipulation – Structuration

Chaque enfant reçoit un paquet-cadeau vierge, une boîte vide et un modèle à reproduire non déplaçable (modèle contenant jusqu'à 4 collections de 2 à 5 éléments et de 3 à 4 couleurs utilisées). Les cubes sont éloignés de sa table de travail.

Consigne : « Va chercher et mets dans la boîte tous les cubes dont tu as besoin pour refaire le paquet-cadeau ; tu peux te déplacer plusieurs fois, mais, attention, s'il y a trop de cubes, tu n'auras pas le droit de les enlever de ta boîte. »

Validation : l'enfant pose les cubes emboités sur le modèle.

Échange oral collectif : chaque enfant formule sa stratégie.

Stratégies attendues :
- mémorisation globale de la configuration ;
- énumération de la collection ;
- dénombrement des cubes d'une ou plusieurs couleurs à la fois ;
- dénombrement des cubes par ligne ou colonne.

Étape 3. Activité d'apprentissages : mise en mémoire des collections et collecte

- La taille des collections de cubes est augmentée. Les collections de cubes de la même couleur sont dispersées. La consigne reste la même, mais un seul voyage est autorisé.

• L'objectif est d'amener les enfants à construire une mémorisation de la quantité en séparant en deux étapes l'activité : l'étape de mise en mémoire à l'aide d'une trace écrite et l'étape de collecte.

Distribution d'une carte modèle / essai individuel / synthèse

Recherche collective : Comment faire pour réussir en un voyage ? Comment se souvenir de tout ?

Mise à disposition de matériel aux enfants : papier blanc, crayon de papier, crayon feutres, gommettes

Stratégies attendues :

- ■■■■■■■■■■■
- IIIIIIII ■
- 1 2 3 4 5 6 ■
- 9■
- 8

Étape 4. Activité de consolidation : rôle vendeur/acheteur

Un enfant est le vendeur de cubes. Les autres enfants utilisent le message écrit pour réaliser leur commande du nombre de cubes de chaque couleur.

Rôle de l'enseignant

• Accompagner l'enfant : l'aider à mettre des mots sur sa procédure, à aller au bout de sa démarche, à valider son travail.
• Faire formuler les différentes façons de résoudre la tâche.
• Proposer des aides selon les difficultés rencontrées.

Observables comme outils d'évaluation positive

L'enfant :
- mémorise une quantité avec les doigts de la main ;
- dit le mot-nombre correspondant au cardinal de la collection ;
- dénombre mais a des difficultés ;
- mémorise des perceptions globales et effectue ses prélèvements des séquences reposant sur des perceptions globales qu'il mémorise ;
- représente une quantité par une trace écrite ;
- comprend et utilise le vocabulaire spécifique : « pareil, assez, pas assez, autant que, plus que, moins que ».

Traces

Prise de notes de phrases produites.

Étape 3. Des photos des différentes traces écrites, des productions en manipulation.

Variables didactiques

• Le nombre de carrés colorés sur le quadrillage.
• Le nombre de couleurs proposées (de 1 à 4 couleurs).
• L'organisation spatiale des carrés dans le quadrillage.

• La répartition des cubes par couleurs pour faciliter le dénombrement (sur la table éloignée).
• La reproduction directe sur la carte modèle si difficultés de repérage dans l'espace.

Prolongement de la séquence

Prolongement des séances

• Jeux de manipulation de type la marchande, lotos, boîtes à compter...
• Passage à l'abstraction par l'intermédiaire de cartes, d'images.

Ouverture vers une autre discipline

Mobiliser le langage dans toutes ses dimensions : l'oral.

Parler et réfléchir avec les autres : reformuler pour mieux se faire comprendre, proposer des solutions.

Transfert de compétences

Travail de ces notions au quotidien avec les rituels.

Séquence n° 2

Fréquenter les compléments à 10 et commencer à les mémoriser

- Séance n° 1 : **Le chemin**
- Séance n° 2 : **La course à 5, à 10**
- Séance n° 3 : **La commande de hamburger**

Description de la séquence

Objectifs du domaine d'apprentissage

Stabiliser la connaissance des petits nombres

Construire des premiers savoirs et savoir-faire avec rigueur : dénombrer

• Séance n° 1 : *décomposition* et recomposition des petites quantités (trois, c'est deux et encore un ; un et encore deux...)

• Séance n° 2 : construire les compléments à 5, à 10 – effectuer une « addition » dont le résultat ne dépasse pas 10

• Séance n° 3 : décomposer les nombres de 1 à 10 – comprendre l'associativité du nombre

Attendus de fin de cycle

• Quantifier des collections jusqu'à 10 au moins ; les composer et les décomposer par manipulations effectives puis mentales (séance n° 1)

• Dire combien il faut ajouter ou enlever pour obtenir des quantités ne dépassant pas 10 (séance n° 2)

• Parler des nombres à l'aide de leur décomposition (séance n° 3)

Critères observables

• Savoir **quantifier** des collections jusqu'à 10 au moins
• Les **composer** et les **décomposer** par manipulations effectives puis mentales
• Dire combien il faut **ajouter** pour obtenir des quantités ne dépassant pas 10
• Savoir **échanger** des quantités
• Savoir **justifier son choix**
• Savoir **verbaliser** la décomposition d'un nombre : « 5, c'est 3 et 2 »

Objectifs langagiers

- **Utiliser les termes :** « trop, pas assez, assez »
- **Syntaxe :** « il faut que, si je choisis...je..., il manque, il reste, il y a autant de »
- **Parler des nombres en utilisant leurs décompositions :** 8, c'est 1 et encore 7, c'est 2 et encore 6...

Préparation organisationnelle, matérielle et spatiale de la classe

Organisation de la classe / aménagement de l'espace

Salle de classe, un atelier de 4 à 6 enfants

Matériel

Séance n° 1

- Des « blocs de glace » matérialisés par des bandes de 1 à 4 cases
- Un dé constellations de 2 à 6, une face blanche (relancer le dé)
- Un « chemin » non linéaire par enfant

Séance n° 2

- Par enfant : une piste de 5 cases, une piste de 10 cases, une voiture (type Majorette)
- Des jetons de plusieurs couleurs, des cartes (1 à 6) constellations organisées, non organisées, collections témoins de doigts

Séance n° 3

- Par enfant : une carte de commande avec 9 ingrédients représentés et le nombre de points (2 à 10, écrits en chiffres) pour les obtenir, 5 mini-pinces à linge
- Des images représentant un hamburger, 3 dés constellations 1 à 6, une barquette pour les dés

Séance n° 1
Le chemin

Description de la séance

20 minutes

Étape 1. Découverte du jeu. Familiarisation

- Chaque enfant reçoit un plateau de jeu (Le chemin de Touka à Toupiti[1]).
- Les cartes « blocs de glace » sont disposées en vrac au centre de la table.
- Le dé est placé dans une barquette.

Familiarisation avec la piste de jeu : tri et comparaison des blocs de glace (nombre de cases) ; classement des blocs ; placement des blocs sur la piste de jeu pour reconstituer le chemin ; recherche des solutions possibles.

Recherche et verbalisation de la règle du jeu par les enfants : la banquise s'est effondrée, Toupiti est tombée dans l'eau. « Touka veut construire un chemin avec les blocs de glace pour aller sauver Toupiti. »

Tâche pour l'enfant : lancer le dé, prendre la quantité de morceaux de glace correspondant et les poser sur le chemin.

Étape 2. Mise en activité : manipulation – Structuration

Cette étape va permettre de préciser la règle et d'amener l'utilisation de la décomposition.
Le choix des faces du dé (2 à 6), les blocs de glace (1 à 4) et surtout le chemin non linéaire vont amener l'enfant à utiliser la décomposition.

Échange oral collectif après plusieurs tours :
- Formulation par les enfants de leur procédure d'exécution de la consigne.
- Mise en commun des procédures de résolution : par déplacement avec le doigt sur le chemin, par décomposition mentale.

1. Les personnages de l'album *Plouk*, de Christel Desmoinaux.

Rôle de l'enseignant

• Accompagne l'enfant : l'aide à mettre des mots sur sa procédure, à aller au bout de sa démarche, à valider son travail.

• Propose des aides selon les difficultés rencontrées : afin d'aider à visualiser le trajet, à la décomposition numérique et à son anticipation :
  - après le lancer du dé, poser des jetons sur le chemin : utiliser une autre couleur de jetons dès que le chemin n'est plus linéaire ;
  - utiliser un pion pour le déplacement sur le chemin ;
  - utiliser une bande numérique avec correspondance collections/chiffres.

Observables comme outils d'évaluation positive

L'enfant :
  - perçoit des quantités sans avoir à les dénombrer ;
  - explique une erreur : utilise « trop, pas assez » ;
  - réalise la décomposition d'une collection ;
  - dit le mot-nombre correspondant au cardinal de chaque collection ;
  - mémorise les décompositions d'un nombre.

Traces

Des photographies des exemples de décompositions réalisées avec les blocs de glace.

Variables didactiques

• Un banquier : un enfant tient la banque.

• Le nombre de « blocs de glace » est imposé ; chaque enfant a sa boîte. Il va devoir réaliser des échanges.

• L'utilisation d'un dé chiffré (2 à 6 et une face blanche).

Séance n° 2
La course à 5, à 10

Description de la séance

20 minutes

Étape 1. Découverte du jeu – Recherche individuelle

- Chaque enfant dispose d'une piste de 5 cases.
- Des cartes constellations (de 1 à 4) sont posées à l'endroit sur la table ; une boîte avec des jetons de plusieurs couleurs est à disposition.

L'enseignant donne les règles suivantes : chaque enfant choisit une carte et la pose au-dessus de sa piste ; il met sur sa piste le nombre de jetons (d'une couleur) correspondant à la quantité de points sur la carte. Puis il choisit une autre carte et pose sur sa piste le nombre de jetons d'une autre couleur, et ainsi de suite, jusqu'à remplir toutes les cases de la piste. La voiture peut avancer jusqu'au bout de la piste.
Le nombre de cartes à utiliser n'est pas imposé.

Verbalisation individuelle : « j'ai réussi à avoir 5 jetons en prenant une carte "1 point", puis une carte "2 points" et encore une carte "2 points". »

Étape 2. La course à 5

L'enseignant propose de jouer à La course à 5 : il faut être le premier à remplir sa piste en utilisant seulement 2 cartes.

Échange oral collectif : les enfants nomment toutes les façons d'obtenir 5.

Étape 3. La course à 10 – Structuration

- La règle du jeu est la même avec une piste de 10 cases et des cartes constellations de 1 à 6.
- L'enseignant invite chaque enfant à dire combien il a de jetons et combien il lui faut ajouter pour obtenir 10 jetons.
- Puis la partie se joue en utilisant seulement 2 cartes.

Échange oral collectif : les enfants nomment toutes les façons d'obtenir 10.
Une autre partie se fait avec les cartes retournées (utilisation de « trop, pas assez »).

Rôle de l'enseignant

• Observer si l'enfant utilise le matériel proposé.

• Proposer des aides selon les difficultés : poser les jetons sur les constellations des cartes, utiliser les doigts de la main...

Observables comme outils d'évaluation positive

L'enfant :

- compose et décompose par manipulation effective, puis mentale ;
- sait dire combien il faut ajouter pour obtenir..., combien il lui manque de jetons ;
- matérialise la décomposition avec les doigts de la main ;
- verbalise la décomposition d'un nombre ;
- explique sa réussite ou son erreur ;
- fait des hypothèses et vérifie ensuite s'il avait raison ou pas ;
- utilise le vocabulaire spécifique.

Traces

Photos de différentes décompositions avec les cartes, les jetons, les doigts.

Variables didactiques

• Utiliser des cartes constellations non organisées, collections de doigts.

• Le nombre à atteindre : la course à 6, 7, 8...

• Utiliser uniquement les cartes constellations : travail de la mémorisation du nombre de points obtenus, de ce qu'il manque pour obtenir...

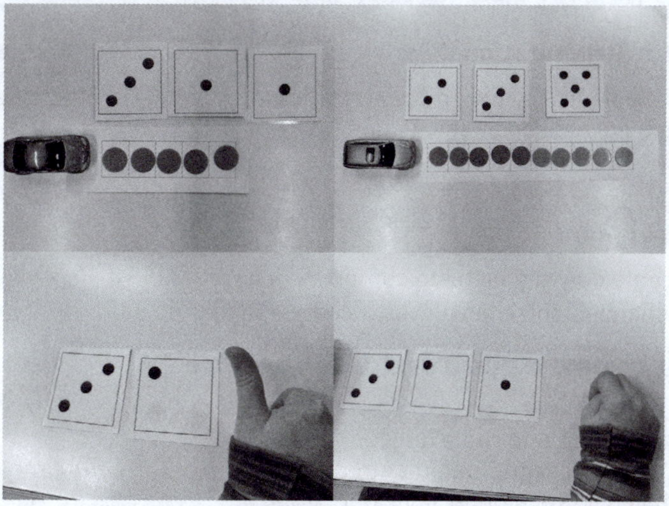

Séance n° 3
La commande de hamburger

Description de la séance

30 minutes

Étape 1. Découverte du jeu – Appropriation de la situation – Manipulation

Après un temps de manipulation, l'enseignant demande aux enfants d'essayer de trouver le but du jeu : obtenir un hamburger avec cinq ingrédients.

Étape 2. Recherche de la règle

L'enseignant, s'il le faut, précise l'utilisation des dés. Le joueur lance les 3 dés, les observe puis choisit 2 dés à additionner de façon à obtenir un ingrédient. Ensuite, sur la commande, il place la mini-pince à côté de l'ingrédient choisi. Dès qu'un joueur réussit à obtenir cinq ingrédients, il peut commander son hamburger.

Étape 3. Structuration

Après plusieurs parties, mise en commun collective et affichage des différentes possibilités d'associations de dés.

Rôle de l'enseignant

- Vérifie que la règle du jeu a bien été comprise
- Favorise les échanges entre les élèves à chaque lancer de dés

Observables comme outils d'évaluation positive

L'enfant :
- comprend, reformule une règle du jeu ;
- compose et décompose mentalement ;
- sait dire combien il faut ajouter pour obtenir... ;
- verbalise la décomposition d'un nombre de 2 à 10 ;
- explique sa stratégie ;
- utilise le vocabulaire spécifique.

Traces

Représentations des décompositions de 2 à 10 (associations de dés, de collections)

Variables didactiques

- Sur la commande, une carte à points au lieu du chiffre
- Utiliser des dés chiffrés
- Jouer avec les 3 dés
- Varier le nombre d'ingrédients

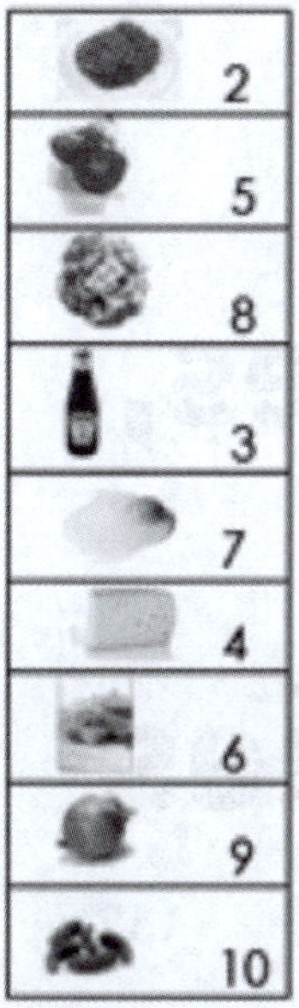

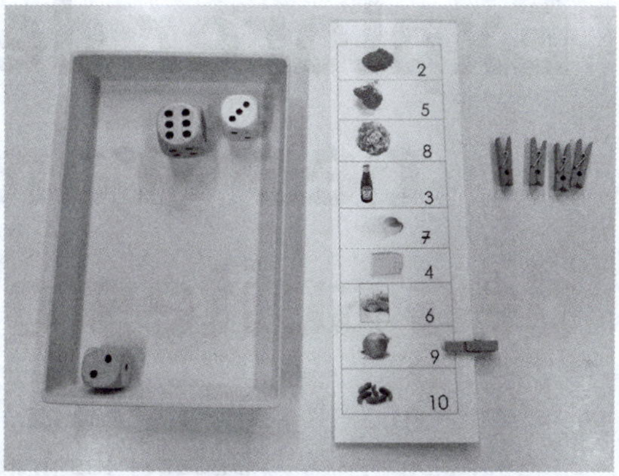

Prolongement de la séquence

Prolongement des séances

- Utiliser les boîtes à nombres (Nathan) avec 2 couleurs de jetons : construire des collections de 10 jetons ; trouver toutes les manières de décomposer 10
- Faire de même avec 9, 8…
- Écrire les décompositions obtenues
- Jeux du commerce : *Halli Galli, Ferme la boîte*…

Ouverture vers une autre discipline

Mobiliser le langage dans toutes ses dimensions : l'oral

Parler et réfléchir avec les autres : reformuler pour mieux se faire comprendre, proposer des solutions

Transfert de compétences

- Livres à compter
- Rituels

8

Explorer des formes, des grandeurs, des suites organisées

Séquence n° 1 : Explorer les formes planes 137

Séance n° 1 Dégager les propriétés géométriques des formes planes 139

Séance n° 2 Reproduire des configurations spatiales de formes planes sur quadrillage 141

Séance n° 3 Décrire un tableau et en compléter les parties manquantes 143

Séance n° 4 Jeu du tableau 145

Séance n° 5 Jeu des 7 erreurs 146

Séquence n° 2 : Réaliser des algorithmes 148

Séance n° 1 Poursuivre un algorithme 1 + 1 + 1 sur une ligne 149

Séance n° 2 Poursuivre un algorithme 1 + 2 + 1 sur une ligne 151

Séance n° 3 Poursuivre un algorithme sur une double ligne 153

Virginie Duquenoy

Séquence n° 1

Explorer les formes planes

- Séance n° 1 : **dégager les propriétés géométriques des formes planes**
- Séance n° 2 : **reproduire des configurations spatiales de formes planes sur quadrillage**
- Séance n° 3 : **décrire un tableau et compléter les parties manquantes**
- Séance n° 4 : **jeu du tableau**
- Séance n° 5 : **jeu des 7 erreurs**

Description de la séquence

Objectifs du domaine d'apprentissage

- Dégager les caractéristiques des formes planes (séance 1)
- Reproduire une configuration spatiale de formes sur quadrillage (séance 2)
- Associer une forme à certaines de ses représentations (séances 3-4)
- Reproduire des configurations spatiales de formes variées (séances 3-4)
- Reconnaître et nommer les formes planes : rectangle, cercle, triangle et carré
- Dessiner les formes planes : rectangle, cercle, triangle et carré (séance 5)

Attendus de fin de cycle :

Classer des objets en fonction de caractéristiques liées à leur forme. Savoir nommer quelques formes planes (carré, triangle, cercle ou disque, rectangle)

Critères observables

Reconnaître globalement des formes planes (rectangle, cercle/disque, triangle et carré) par la vue et par le biais d'une description

Objectifs langagiers

- Acquérir le vocabulaire géométrique : « côtés, longueur, forme ronde, sommets, formes planes »
- Acquérir le vocabulaire topologique : « en haut, en bas, à côté de, à droite, à gauche, sur, sous… »
- Décrire un tableau
- Justifier son choix

Préparation organisationnelle, matérielle et spatiale de la classe

Organisation de la classe / aménagement de l'espace

Séance n° 1 : Salle de classe en atelier
Séance n° 2 : Espace regroupement
Séance n° 3 : Salle de classe
Séance n° 4 : Salle de classe en demi-classe (soit 2 groupes de 6 élèves)
Séance n° 5 : Salle de classe, espace regroupement

Matériel

Séance n° 1

- Les formes ont été découpées dans du papier cartonné et plastifiées ; elles sont de même taille et de couleur identique : 4 ronds, 4 triangles, 4 rectangles et 4 carrés par enfant, soit 16 formes.

Séance n° 2

- 2 quadrillages de 4 cases par 2 lignes, 2 ronds de même couleur (un grand et un petit), 2 carrés de même couleur (un grand et un petit), 2 rectangles de même couleur (un grand et un petit), 2 triangles de même couleur (un grand et un petit), de la pâte à fixe.

Séance n° 3

- L'œuvre d'un artiste avec des formes géométriques – vidéoprojecteur.

Séance n° 4

- Les formes ont été découpées dans du papier cartonné et plastifiées : 6 ronds, 6 triangles, 6 rectangles et 6 carrés, soit 24 formes de tailles différentes (3 grands et 3 petits) et de couleurs différentes, et une affiche A3 pour chaque groupe.

Séance n° 5

- Une affiche tableau originale avec une trentaine de pièces (7 ronds, 7 carrés, 7 rectangles et 7 triangles) de couleurs et de tailles différentes.
- Une affiche copie du tableau avec les 7 erreurs.
- Feuilles A4, crayons de couleurs, gabarits.

Séance n° 1
Dégager les propriétés géométriques des formes planes

Description de la séance

20 minutes

Étape 1. Mettre ensemble ce qui va ensemble

• Les enfants sont répartis autour d'une table. Placer toutes les formes au centre de la table.
• Demander aux enfants de mettre ensemble ce qui va ensemble.
• Demander d'expliciter ce qu'ils ont fait afin de les amener à décrire les formes pour en dégager les caractéristiques : « Comment avez-vous fait ? Comment savez-vous que ces formes sont identiques, pareilles ? Pourquoi cette forme n'est pas avec les autres ? Quelles sont les différences ? »
• Attirer l'attention des enfants sur le fait que les carrés et les rectangles n'ont pas été mis ensemble.
• Faire vérifier avec des ficelles, rubans, que les côtés du rectangle ne sont pas pareils en les mesurant.

Étape 2. Jeu du « qui est-ce ? »

• Décrire une forme que les enfants doivent reconnaître, nommer et prendre dans les formes placées au centre de la table : « J'ai 3 côtés, j'ai 3 pointes, qui suis-je ? »
• À tour de rôle, les enfants deviennent meneurs.

Étape 3. Phase de verbalisation et de structuration

Cette phase de verbalisation permettra de « passer du faire au dire » : « On a appris à nommer les caractéristiques des formes planes et à trouver la forme décrite. »

Rôle de l'enseignant

• L'enseignant recueille dans un premier temps les réflexions des enfants pour qu'ils utilisent un vocabulaire géométrique : « Le rond roule et n'a pas de pointes. Le triangle a 3 côtés et 3 pointes. Le carré et le rectangle ont 4 côtés. »
• Dans le jeu du qui est-ce ?, l'enseignant pose le vocabulaire géométrique. Les enfants vont s'en saisir lorsqu'ils sont meneurs.

La gestion du groupe

L'enseignant a des signaux précis qui marquent le début de l'activité de manipulation et sa fin (musique, taper dans les mains, chant, clochette...).

Observables comme outils d'évaluation positive

Il est possible d'observer chacun des enfants et savoir :

- qui comprend le vocabulaire géométrique : côté, pointe/sommet ;
- qui décrit les formes en utilisant le vocabulaire géométrique.

Traces

L'enseignant conservera les quatre formes planes (carré, triangle, disque et rectangle) en les collant sur une affiche qui sera la mémoire de la classe.

Variables didactiques

L'enseignant incitera les enfants qui éprouvent des difficultés à entrer dans l'activité et les accompagnera pour poser le vocabulaire géométrique.

Séance n° 2
Reproduire des configurations spatiales de formes planes sur quadrillage

Description de la séance

10 minutes

Étape 1. Rappel de la séance précédente

Dans l'espace regroupement, un groupe de 6 enfants est assis face au tableau, accrocher l'affiche avec les 4 formes (de la séance précédente) au tableau. Les enfants vont verbaliser qu'ils ont joué au jeu du « qui est-ce ? » avec les formes.

Étape 2. Découvrir le quadrillage

Les enfants sont installés face au tableau. Afficher un quadrillage découpé en 8 parties (4 colonnes sur 2 lignes). Demander aux enfants de décrire ce qu'ils voient. Faire nommer et montrer les lignes, les colonnes, la première case, la seconde case, la troisième case, la quatrième case, en haut, en bas).

Étape 3. Utiliser le quadrillage

• Fixer avec de la pâte à fixe un rond, un carré, un triangle et un rectangle dans chacune des cases. Faire verbaliser aux enfants les positions des formes les unes par rapport aux autres.
• Afficher un second quadrillage vierge et demander aux enfants de compléter le quadrillage pour qu'il soit identique au premier. Questionner : « Comment faire pour se repérer dans le quadrillage ? » Les enfants verbalisent : « Il y a un cercle rouge dans le première case, sur la première ligne, la ligne en haut. »

Étape 4. Phase de verbalisation et de structuration

Cette phase permet de dépasser le faire, d'associer le geste à la parole : « On a appris à se repérer dans le quadrillage en utilisant les lignes du haut et du bas, les colonnes et les cases. »

Rôle de l'enseignant

L'enseignant vérifie si les enfants nomment et reconnaissent les formes planes. Il pose le vocabulaire topologique : ligne, case, quadrillage, colonne, en haut, en bas.

Observables comme outils d'évaluation positive

Il est possible d'observer chacun des enfants et savoir :
- qui utilise le vocabulaire géométrique ;
- qui utilise le vocabulaire topologique ;
- qui décrit le quadrillage.

Traces

L'enseignant photographiera le quadrillage modèle pour que les enfants puissent faire cette activité en autonomie, en groupe ou seul.

Variables didactiques

Si certains enfants ne se repèrent pas sur le quadrillage, passer par une phase de vécu en proposant dans la salle de jeux un quadrillage au sol dans lequel les enfants vont se déplacer en réponse à des consignes orales (avancer, reculer dans les cases, suivre une ligne, suivre une colonne). Ensuite ils poseront un objet dans la case indiquée par l'enseignant.

Quand le quadrillage sur plan vertical est bien maîtrisé, proposer un quadrillage à compléter sur table (plan horizontal). Veiller cependant à ce que tous les enfants soient face à la table (qu'ils aient tous la même orientation).

Séance n° 3
Décrire un tableau et en compléter les parties manquantes

Description de la séance

10 minutes

Étape 1. Rappel de la séance précédente

Dans l'espace regroupement, accrocher l'affiche avec les 4 formes (de la séance précédente) au tableau. Un groupe de 6 enfants va verbaliser qu'ils ont joué au jeu du « qui est-ce ? » avec les formes.

Étape 2. Décrire un tableau et le compléter

- Les enfants sont installés dans l'espace regroupement. Projeter ou afficher l'œuvre d'un artiste (par ex. . *Le Château et le Soleil*, de Paul Klee).
- Demander aux enfants de décrire le tableau : « Que voit-on ? Comment l'artiste a-t-il représenté le soleil ? Le château ? »
- Faire montrer et nommer les formes reconnues (tailles et couleurs aussi). Faire décrire la position des formes les unes par rapport aux autres.
- Des binômes sont constitués et une reproduction de l'œuvre leur est ensuite distribuée. Certaines formes planes ont disparu sur la reproduction. Demander aux enfants de compléter les parties manquantes en replaçant les formes qui ont disparu. Les enfants expliquent ensuite les stratégies utilisées pour trouver les formes manquantes.

Étape 3. Phase de verbalisation et de structuration

Cette phase permet de dépasser le faire, d'associer le geste à la parole : « On a appris à nommer les formes, leurs tailles et leurs couleurs qu'on a retrouvées dans le tableau, et enfin on a appris à décrire où les formes se situaient sur le tableau : à côté de, en bas, en haut, à gauche, à droite... Enfin, on a appris à retrouver les formes manquantes en les plaçant sur la reproduction. »

Rôle de l'enseignant

L'enseignant vérifie si les enfants nomment et reconnaissent les formes planes. Il pose le vocabulaire topologique.

Observables comme outils d'évaluation positive

Il est possible d'observer chacun des enfants et savoir :
- qui utilise le vocabulaire géométrique ;

– qui utilise le vocabulaire topologique ;
– qui propose une description partielle de l'œuvre.

Traces

L'enseignant conservera le tableau de Paul Klee dans l'espace musée de la classe.

Variables didactiques

Si l'identification des formes planes représentées pose problème, l'activité sera proposée avec l'introduction d'une vingtaine de formes planes réelles à poser sur le tableau de Klee.

Il est possible de cacher dans l'étape 2 le modèle de l'œuvre afin de compléter les parties manquantes. Un enfant meneur décrit alors à distance les pièces manquantes à son binôme (qui ne voit pas le modèle) en nommant les formes planes, leurs couleurs, leurs tailles et leurs positions respectives.

Séance n° 4
Jeu du tableau

Description de la séance

20 minutes

Étape 1. Rappel de la séance précédente

Dans l'espace regroupement, accrocher la reproduction de Paul Klee au tableau. Faire verbaliser à un groupe de 6 enfants ce qui a été réalisé précédemment.

Étape 2. Jeu du tableau

• Fixer 3 affiches blanches au tableau. Scinder le groupe en 3 équipes. Chaque binôme compose un tableau avec 6 formes planes.
• Chaque équipe se met au travail pour réaliser la copie et le propose à un autre binôme pour validation. Reprendre une verbalisation à la fin de la réalisation : « Est-ce réussi ? Qu'est-ce qui est identique ? Qu'est-ce qui est différent ? »

Étape 3. Phase de verbalisation et de structuration

Cette phase permet de dépasser le faire, d'associer le geste à la parole : « On a réalisé la copie du tableau de l'autre équipe. On a appris à nommer les formes, leurs tailles et leurs couleurs, et enfin on a appris à décrire où les formes se situaient sur le tableau : à côté de, en bas, en haut, à gauche, à droite... »

Rôle de l'enseignant

L'enseignant pose le vocabulaire géométrique et topologique déficitaire. Il fait décrire les tableaux originaux puis demande aux enfants de les comparer avec les copies.

Observables comme outils d'évaluation positive

Il est possible d'observer chacun des enfants et savoir qui utilise le vocabulaire géométrique ; qui utilise le vocabulaire topologique ; qui propose une description complète.

Traces

Les tableaux originaux et copies seront conservés et placés dans l'espace musée de la classe.

Variables didactiques

Si de nombreuses erreurs ont été commises, l'enseignant proposera de nouveau cette activité, mais avec un découpage préalable de l'affiche en 4 cases pour faciliter le repérage spatial (en haut à droite, en bas à droite, en haut à gauche, en bas à gauche). L'enseignant demandera aux enfants les plus performants de réaliser cette activité en autonomie. Pour les autres, l'enseignant les guidera davantage dans l'activité ; il passera un temps consacré à une verbalisation plus étayée avant la réalisation de la copie du tableau.

Séance n° 5
Jeu des 7 erreurs

Description de la séance

15 minutes

Étape 1. Rappel de la séance précédente

Dans l'espace regroupement, faire verbaliser à un groupe de 6 enfants ce qu'ils ont appris lors de la séance précédente.

Étape 2. Jeu des 7 erreurs

L'enseignant affiche un nouveau tableau de sa création sur lequel les formes réelles sont posées (scratchées ou fixées avec de la pâte à fixe) et affiche une copie de son tableau dans laquelle 7 erreurs se sont glissées.
Demander aux enfants de trouver les 7 erreurs qui se sont glissées dans la copie du tableau. Faire verbaliser les choix des enfants : « Pourquoi changes-tu le carré rouge ? Pourquoi enlevez-vous 2 triangles bleus? Pourquoi dessines-tu un petit cercle rouge et un grand carré vert ? »

Étape 3. Phase de verbalisation et de structuration

Cette phase de verbalisation permet de mettre en mot les stratégies : « Comment avez vous procédé pour analyser la copie ? » L'enfant explique comment il a commencé l'analyse (en haut à droite, en bas, à partir d'un élément du tableau...) afin de trouver les 7 erreurs.

Rôle de l'enseignant

L'enseignant se place en observateur attentif et peut ainsi valider l'acquisition du vocabulaire géométrique et topologique. Il peut aider au tracer des formes qui leur posent problème en mettant à disposition des enfants des gabarits de différentes formes et de tailles différentes. Lors de la phase de verbalisation et de structuration, il questionne les enfants pour qu'ils verbalisent leur stratégie d'analyse de la copie.

Observables comme outils d'évaluation positive

Il est possible d'observer chacun des enfants et savoir :
- qui utilise le vocabulaire géométrique ;
- qui utilise le vocabulaire topologique ;
- qui est capable d'expliquer sa stratégie d'analyse du tableau et de sa copie ;
- qui décrit le tableau et les différences avec la copie ;
- qui trace les formes planes (cercle, carré, triangle, rectangle) ;
- qui justifie les changements de formes dans la copie.

Traces

Le tableau sera photographié pour être le support d'une activité de recherche d'erreurs en autonomie.

Variables didactiques

Il est possible de proposer cette activité en autonomie, en groupe ou en individuel. En revanche, la présence de l'adulte est nécessaire lors de la phase d'explicitation des stratégies.

Prolongement de la séquence

Prolongement des séances

Séance 1

- L'enseignant va introduire la notion de taille et de couleur : « Je suis petit, je suis vert et je roule. »
- Autre prolongement possible : l'enseignant va demander aux enfants de dessiner sur l'ardoise la forme décrite ou sur une feuille la forme décrite avec l'introduction de la notion de couleur.

Séance 2

- L'enseignant peut proposer un quadrillage plus complexe, 4 × 4, puis 5 × 5, puis 6 × 6, et ajouter des formes.
- Les enfants peuvent compléter le quadrillage en découpant ou en dessinant les formes manquantes.

Séance 4

- L'enseignant va proposer plus de formes pour composer le tableau. Il peut aussi jouer sur la variable temps en imposant un temps pour réaliser la copie du tableau.
- L'enseignant peut proposer un tableau et sa copie dans laquelle des erreurs se sont glissées. Les enfants rectifient les erreurs en justifiant leurs choix.
- Si les enfants n'arrivent pas à se repérer malgré le découpage en 4 parties de l'affiche, proposer un atelier décroché. Les enfants sont en binôme. Un enfant va placer sur une affiche découpée en 4 parties une forme, et le binôme procède de la même façon sur son affiche.

Séance 5

- L'enseignant peut proposer la même activité (avec 7 nouvelles erreurs) en tant que défi dans lequel 2 équipes de 6 enfants s'opposent en un temps défini.
- Pour les enfants n'arrivant pas à tracer certaines formes planes, l'enseignant proposera une activité de traçage avec différents gabarits, puis sans.

Transfert de compétences

- Lors de cette séquence, les élèves ont développé des compétences langagières en syntaxe, en articulation, en prise de parole et en vocabulaire avec l'utilisation d'un vocabulaire géométrique et topologique.
- Ces compétences langagières sont sollicitées dans les activités orales dans tous les domaines d'apprentissage.
- Le travail entamé sur le quadrillage peut être transféré avec des robots (*blue-bots*) que les enfants doivent programmer pour qu'ils se rendent sur une case avec une forme plane.

Séquence n° 2

Réaliser des algorithmes

- Séance n° 1 : **poursuivre un algorithme 1 + 1 + 1 sur une ligne**
- Séance n° 2 : **poursuivre un algorithme 1 + 2 + 1 sur une ligne**
- Séance n° 3 : **poursuivre un algorithme sur une double ligne**

Description de la séquence

Objectifs du domaine d'apprentissage

- Reconnaître un rythme dans une suite organisée et continuer cette suite simple et complexe
- Compléter des manques dans une suite organisée simple et complexe

Attendus de fin de cycle

- Identifier le principe d'organisation d'un algorithme et poursuivre son application

Critères observables

- Identifier l'origine de la suite
- Identifier le sens de lecture de gauche à droite
- Reproduire une suite
- Mémoriser la suite à reproduire

Objectifs langagiers

- Acquérir le vocabulaire : les formes, les couleurs
- Décrire le rythme à reproduire
- Expliquer sa procédure
- Utiliser le vocabulaire topologique et temporel : « à gauche, à droite, à côté de, au début de, à la fin, ensuite, après »
- Utiliser le vocabulaire du rang : « en premier, en deuxième, en troisième »

Préparation organisationnelle, matérielle et spatiale de la classe

Organisation de la classe / aménagement de l'espace

Séances n° 1, 2 et 3 : Salle de classe en atelier

Matériel

Séances n° 1, 2 et 3 : Barres et pingouins ou maxicoloredo ou abaques

Séance n° 1
Poursuivre un algorithme 1 + 1 + 1 sur une ligne

Les enfants connaissent cette activité. Ils ont déjà réalisé des algorithmes simples en PS et en MS.

Description de la séance

15 minutes

Étape 1. Présenter la série

Les enfants sont assis sur les bancs dans l'espace regroupement. Projeter au tableau une photographie de l'algorithme à poursuivre. Demander aux enfants ce qu'ils voient. Ils décrivent : « Il y a un pingouin bleu, puis un blanc et enfin un jaune. » Demander où commence la suite. L'enseignant questionne ensuite les enfants sur l'activité qu'ils vont devoir réaliser. Demander ce qu'ils vont faire. On s'attend à ce que les enfants énoncent qu'ils vont devoir continuer la série : « On va continuer la série, la suite, l'algorithme en plaçant un pingouin bleu, un pingouin blanc et un pingouin jaune, en commençant à gauche pour aller vers la droite de la réglette. »

Étape 2. Recherche individuelle

Les enfants s'installent sur les tables, placés face au tableau. L'enseignant rappelle la consigne aux enfants : poursuivre l'algorithme, la suite, jusqu'à la fin de la réglette.

Étape 3. Phase de mise en commun

Demander à chacun de venir présenter son algorithme et d'expliquer comment il a procédé pour continuer la suite. Les enfants expliquent : « J'ai commencé à gauche, j'ai placé un pingouin bleu, puis un blanc et enfin un jaune. Et puis j'ai recommencé en plaçant un pingouin bleu, puis un blanc et enfin un jaune pour finir à droite de la réglette. »

Étape 4. Phase de verbalisation et de structuration

Cette phase de verbalisation permettra de « passer du faire au dire » : « On a appris à poursuivre un algorithme en continuant une série. On a commencé à gauche après le dernier pingouin jaune pour placer un pingouin bleu, un pingouin blanc et enfin un jaune. Et recommencer jusqu'à la fin de la réglette. »

Rôle de l'enseignant

• L'enseignant vérifie dans un premier temps l'identification par les enfants de l'algorithme, puis l'origine et enfin le sens de lecture. Lors de la phase de recherche individuelle, il se place en tant qu'observateur attentif pour repérer les difficultés de chacun : origine, sens de lecture, mémorisation du rythme.

• Lors de la phase de mise en commun, il verbalisera chaque étape de la construction de l'algorithme : repérer l'origine, le sens de lecture, l'ordre dans lesquels les pingouins vont être placés. Il pose le vocabulaire topologique et chronologique lorsqu'il est déficitaire.

La gestion du groupe

L'enseignant a des signaux précis qui marquent le début de l'activité de manipulation et sa fin (musique, taper dans les mains, chant, clochette...).

Observables comme outils d'évaluation positive

Il est possible d'observer chacun des enfants et savoir :

- qui identifie l'origine de l'algorithme ;
- qui repère la place de chaque pingouin dans le rang ;
- qui place les pingouins de la gauche vers la droite ;
- qui verbalise les étapes de la série à continuer.

Traces

L'enseignant conservera une photographie de l'algorithme réalisé. Il posera cette photographie sur une table avec le matériel, au moment de l'accueil, pour que les enfants s'exercent à reproduire le même algorithme.

Variables didactiques

L'enseignant incitera les enfants qui éprouvent des difficultés à entrer dans l'activité et les accompagnera pour poser le vocabulaire topologique et insistera sur l'origine du rythme. Des algorithmes de couleurs différentes peuvent être proposés au groupe d'enfants. Cela permet de vérifier l'acquisition de cette compétence par tous.

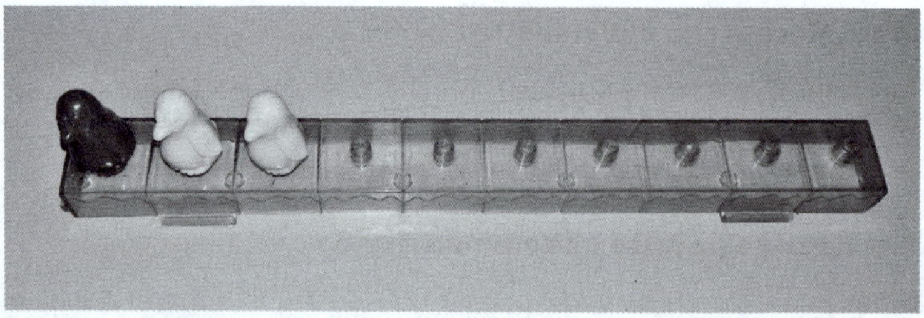

Séance n° 2 Poursuivre un algorithme 1 + 2 + 1 sur une ligne

Description de la séance

20 minutes

Étape 1. Rappel de la séance précédente

Le groupe de 6 élèves est installé dans l'espace regroupement. L'enseignant procède à une phase de rappel des apprentissages conduits précédemment. Il utilise comme support les photographies des algorithmes 1 + 1 + 1.

Étape 2. Présenter l'algorithme

Les enfants sont assis sur les bancs dans l'espace regroupement. Projeter au tableau une photographie de l'algorithme à réaliser. Demander aux enfants ce qu'ils voient. Ils décrivent : « Il y a un pingouin bleu, puis 2 pingouins roses et un blanc. » Demander ce qu'ils vont faire, d'où ils vont commencer et comment ils vont placer les pingouins sur la réglette. Les enfants vont expliquer : « On commence à gauche, après le pingouin blanc, pour finir à droite de la réglette. En premier, on place le pingouin bleu, après 2 pingouins roses et en dernier un pingouin blanc. »

Étape 3. Recherche par groupe de 2 enfants

Les enfants sont placés à table, les tables font face au tableau de façon à ce que les enfants soient tous placés dans le même sens. Demander de continuer par groupe de 2 l'algorithme, la suite, jusqu'à la fin de la réglette.

Étape 4. Phase de mise en commun

Demander à chaque groupe de venir présenter son algorithme et d'expliquer comment il a procédé pour continuer la suite : les enfants expliquent : « On a commencé à gauche, on a continué la suite en plaçant un bleu, puis 2 roses et enfin un blanc. Après, on a recommencé la série en commençant par le bleu, puis les 2 oses et enfin le blanc, jusqu'au bout de la réglette, à droite. »

Étape 5. Phase de verbalisation et de structuration

Cette phase de verbalisation permettra de « passer du faire au dire » : « On a appris à poursuivre un algorithme en continuant une série. On a commencé à gauche après le dernier pingouin blanc pour placer un pingouin bleu, puis les 2 roses et enfin le blanc. Et après on a recommencé. »

Rôle de l'enseignant

• Lors de la phase de recherche par groupe de 2 enfants, il se place en tant qu'observateur attentif pour repérer les difficultés de chaque groupe (origine, sens de lecture, mémorisation du rythme) et favoriser les négociations entre les 2 pairs lors des désaccords.

• Lors de la phase de mise en commun, il favorisera l'explicitation pour que les enfants utilisent le vocabulaire topologique et temporel.

Observables comme outils d'évaluation positive

Il est possible d'observer chacun des enfants et savoir :

- qui identifie l'origine de l'algorithme ;
- qui repère le rang des pingouins dans la suite ;
- qui place les pingouins de la gauche vers la droite ;
- qui explique sa procédure.

Traces

L'enseignant conservera une photographie de l'algorithme réalisé. Il posera cette photographie sur une table avec le matériel, au moment de l'accueil, pour que les enfants s'exercent à reproduire le même algorithme ou inventent un algorithme à partir de la photographie (1 + 2 + 1).

Variables didactiques

L'enseignant demandera aux enfants de réaliser un algorithme 1 + 2 + 1 en positionnant des flèches → ↓ ↓ ← sur les réglettes.

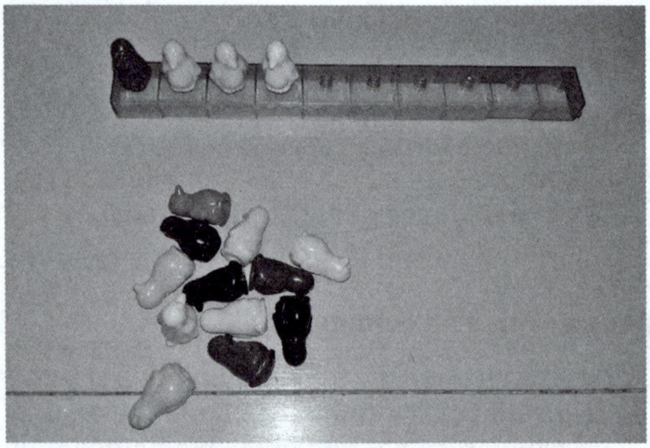

Séance n° 3
Poursuivre un algorithme sur une double ligne

Description de la séance

20 minutes

Étape 1. Rappel de la séance précédente

Toute la classe est installée dans l'espace regroupement. Projeter une photographie des algorithmes réalisés lors de la séance précédente et lors des prolongements. Les enfants verbalisent les apprentissages construits lors de la séance précédente.

Étape 2. Présenter l'algorithme

Projeter au tableau une photographie de l'algorithme à réaliser. Demander aux enfants ce qu'ils voient. Ils décrivent : « Il y a 2 lignes : sur la première ligne, il y a 1 pingouin, puis rien et rien, et encore un pingouin. Sur la deuxième ligne, il n'y a pas de pingouin en première position, et ensuite il y en a deux. » Demander aux enfants de continuer la série sur les 2 lignes.

Étape 3. Recherche par groupe de 4 enfants

Les enfants sont placés à table, les tables font face au tableau de façon à ce que les enfants soient tous placés dans le même sens. Demander de continuer par groupe de 4 l'algorithme, la suite, jusqu'à la fin de la réglette. Les enfants discutent et confrontent leur point de vue pour réaliser la série.

Étape 4. Phase de mise en commun

Demander à chaque groupe de venir présenter son algorithme et d'expliquer comment il a procédé pour continuer la suite. Les enfants expliquent leurs stratégies. Ils ont complété :
– ligne par ligne : « D'abord, on a complété la série de la première ligne, et après on a complété la série de la deuxième ligne » ;
– par alternance et déduction : « Quand il y a un pingouin sur la première ligne, il n'y en a pas sur la deuxième ligne. »

Étape 5. Phase de verbalisation et de structuration

Cette phase de verbalisation permettra de « passer du faire au dire » : « On a appris à poursuivre un algorithme en continuant une série sur 2 lignes. On a commencé à gauche après le dernier pingouin orange. On a utilisé 2 stratégies :

– en complétant ligne par ligne : on a d'abord continué la série sur la première ligne et ensuite celle sur la deuxième ligne ;
– on n'a pas mis de pingouin sur la deuxième ligne quand il y en avait déjà un sur la première ligne. »

Rôle de l'enseignant

• Lors de la phase de recherche par groupe de 4 enfants, il se place en tant qu'observateur attentif pour repérer les stratégies utilisées par les enfants.
• Lors de la phase de mise en commun, il favorisera l'explicitation des stratégies et vérifiera l'utilisation du vocabulaire topologique, de position.

Observables comme outils d'évaluation positive

Il est possible d'observer chacun des enfants et savoir :
- qui identifie l'origine de l'algorithme ;
- qui repère le rang des pingouins dans la suite ;
- qui explique sa procédure.

Traces

L'enseignant conservera une photographie de l'algorithme réalisé. Il posera cette photographie sur une table avec le matériel, au moment de l'accueil, pour que les enfants s'exercent à reproduire le même algorithme ou inventent un algorithme différent sur 2 lignes.

Variables didactiques

L'enseignant demandera aux enfants rechercher par groupe de 2 si certains ne s'expriment pas en groupe plus important d'élèves.

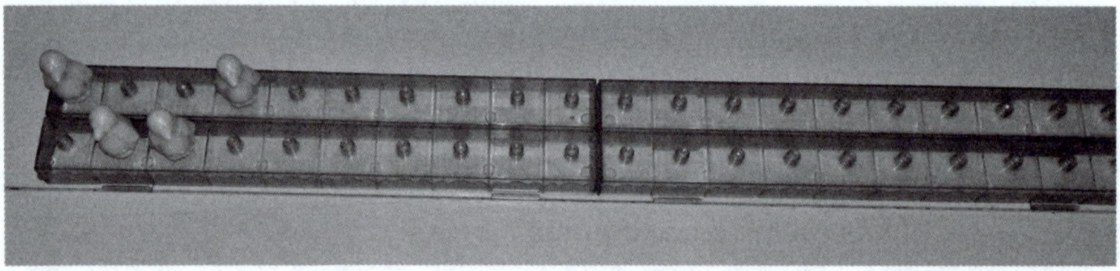

Prolongement de la séquence

Prolongement des séances

Séance 1	L'enseignant demandera aux enfants de poursuivre un algorithme avec des formes (1 carré, 1 triangle, 1 disque par exemple) Puis, il demandera aux enfants de continuer un algorithme en les dessinant. 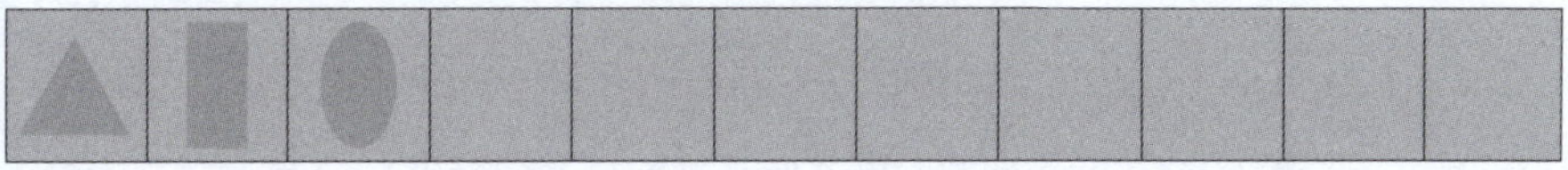
Séance 2	L'enseignant demandera aux enfants de poursuivre un algorithme en dessinant des flèches 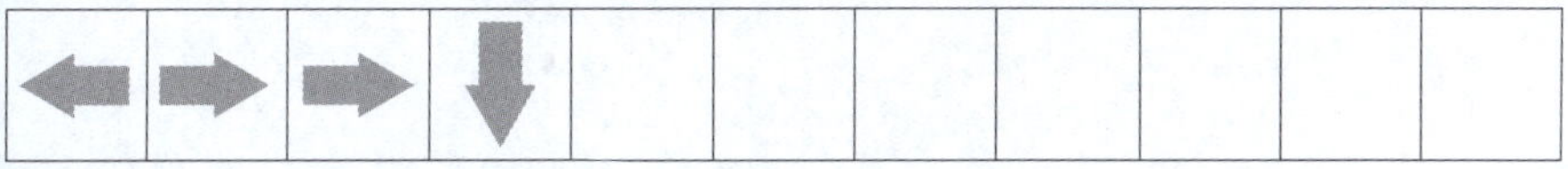 L'enseignant demandera aux enfants d'inventer un algorithme 1 + 2 + 1 avec des formes.
Séance 3	L'enseignant demandera aux enfants de continuer l'algorithme en dessinant les formes. 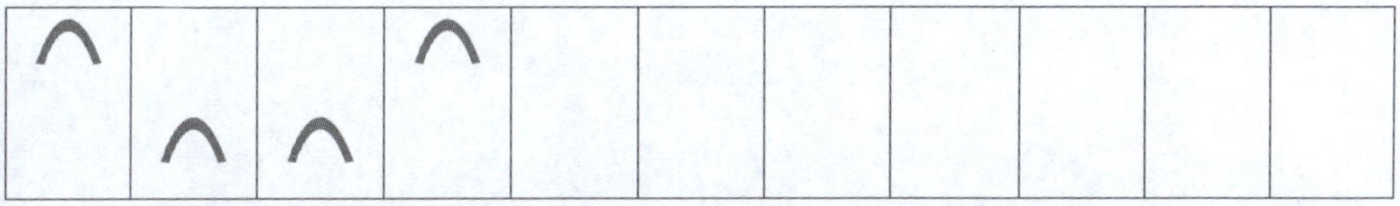 L'enseignant demandera aux enfants de continuer la série sur 3 lignes en plaçant des pingouins, en coloriant ou en dessinant des formes.

PARTIE 5

Explorer le monde

9 Se repérer dans le temps

Séquence n° 1 : Construire et savoir utiliser une frise hebdomadaire 164

Séquence n° 2 : Situer les événements les uns par rapport aux autres 175

10 Se repérer dans l'espace

Séquence n° 1 : Activités d'orientation 180

Séquence n° 2 : Découvrir différents milieux 186

Séquence n° 3 : Déplacement et codage 190

11 Découvrir le monde vivant

Séquence n° 1 : Entretenir un jardin potager à l'école 196

Séquence n° 2 : Respecter quelques règles d'hygiène 201

12 Explorer la matière

Séquence n° 1 : Découvrir une propriété de la matière : le magnétisme 209

Séquence n° 2 : Découvrir les ombres et la lumière 216

13 Utiliser, fabriquer, manipuler les objets

Séquence n° 1 : Découvrir le fonctionnement et utiliser la lampe de poche 224

Séquence n° 2 : Construire un objet qui répond à une contrainte et savoir élaborer sa fiche technique 230

Séquence n° 3 : Découvrir le fonctionnement et utiliser les tablettes tactiles 236

Se repérer dans le temps. Programmation annuelle. GS

Objectifs et éléments de progressivité	Période 1	Période 2	Période 3	Période 4	Période 5
Introduire les repères sociaux	**Situer des événements vécus les uns par rapport aux autres en les repérant**				
	dans la semaine	dans le mois			
		dans les saisons			
Consolider la notion de chronologie	**Ordonner une suite de photographies ou d'images**				
	Chronologie des jours de la semaine et des activités de classe*				
		Succession des jours*			
		Construction et utilisation d'une frise hebdomadaire*			
	plus de 3 étapes fiches techniques				
	Marquer de manière exacte la succession (antériorité, postériorité et la simultanéité* Utiliser des marqueurs temporels adaptés* Récits* *(avant, après, en même temps)* Mettre en ordre des événements ou des éléments du patrimoine architectural proche				
Sensibiliser à la notion de durée	**Matérialiser le temps** en visualisant son écoulement				
		Comparer les événements en fonction du temps écoulé			

Indépendamment ou en complément des compétences transversales, certaines d'entre elles sont à mobiliser prioritairement durant des périodes spécifiques. Rien n'empêche toutefois de les anticiper voire de les poursuivre.

*Points développés dans l'ouvrage dans le cadre de séances

Explorer le monde : se repérer dans l'espace.
Programmation annuelle. GS

<table>
<tr><th>Objectifs et éléments de progressivité</th><th>Période 1</th><th>Période 2</th><th>Période 3</th><th>Période 4</th><th>Période 5</th></tr>
<tr><td rowspan="3">Faire l'expérience de l'espace</td><td colspan="5">Se situer par rapport à d'autres, par rapport à des objets repères.</td></tr>
<tr><td colspan="3"></td><td colspan="2">Verbaliser et anticiper des déplacements (déplacements et codage)*</td></tr>
<tr><td colspan="5">Utiliser des marqueurs spatiaux adaptés dans des récits, descriptions ou explications*</td></tr>
<tr><td rowspan="4">Représenter l'espace</td><td colspan="5">Dans un environnement bien connu, réaliser un trajet, un parcours à partir de sa représentation.</td></tr>
<tr><td colspan="5">Élaborer des premiers essais de représentation plane, communicables.</td></tr>
<tr><td colspan="5">Orienter et utiliser correctement une feuille de papier en fonction de consignes, d'un but, d'un projet.</td></tr>
<tr><td colspan="2"></td><td colspan="3">Se situer et se déplacer dans un espace connu en utilisant sa représentation – activités d'orientation*</td></tr>
<tr><td>Découvrir différents milieux</td><td colspan="5">Observer l'environnement proche et découvrir des espaces moins familiers*</td></tr>
</table>

Indépendamment ou en complément des compétences transversales, certaines d'entre elles sont à mobiliser prioritairement durant des périodes spécifiques. Rien n'empêche toutefois de les anticiper voire de les poursuivre.

*Points développés dans l'ouvrage dans le cadre de séances

Découvrir le vivant. Programmation annuelle. GS

<table>
<tr><th>Objectifs et éléments de progressivité</th><th>Période 1</th><th>Période 2</th><th>Période 3</th><th>Période 4</th><th>Période 5</th></tr>
<tr><td rowspan="18">Découvrir le monde vivant</td><td colspan="5">Reconnaître les principales étapes du développement d'un animal ou d'un végétal, dans une situation d'observation du réel.</td></tr>
<tr><td colspan="3">Exploiter un élevage (phasmes, papillon ...)</td><td colspan="2"></td></tr>
<tr><td></td><td colspan="4">Classer les déplacements des animaux.</td></tr>
<tr><td colspan="4"></td><td>La reproduction</td></tr>
<tr><td colspan="3"></td><td>Le cycle du blé</td><td></td></tr>
<tr><td colspan="5">Connaître les besoins essentiels de quelques animaux et végétaux.</td></tr>
<tr><td colspan="2"></td><td colspan="2">Poils, plumes, écailles...</td><td></td></tr>
<tr><td colspan="3"></td><td colspan="2">A chacun son menu</td></tr>
<tr><td colspan="4"></td><td>Protection du vivant et de son environnement.</td></tr>
<tr><td colspan="5">Entretenir un jardin potager à l'école*</td></tr>
<tr><td colspan="5">Situer et nommer les différentes parties du corps humain sur soi ou sur une représentation.</td></tr>
<tr><td>Le corps articulé.</td><td>Les organes des sens</td><td colspan="3"></td></tr>
<tr><td colspan="5">Connaître et mettre en œuvre quelques règles d'hygiène corporelle et d'une vie saine.</td></tr>
<tr><td colspan="5">Respecter quelques règles d'hygiène*, éducation au goût</td></tr>
</table>

Indépendamment ou en complément des compétences transversales, certaines d'entre elles sont à mobiliser prioritairement durant des périodes spécifiques. Rien n'empêche toutefois de les anticiper voire de les poursuivre.

*Points développés dans l'ouvrage dans le cadre de séances

Explorer le monde de la matière et des objets. Programmation annuelle. GS

<table>
<tr><th>Objectifs et éléments de progressivité</th><th>Période 1</th><th>Période 2</th><th>Période 3</th><th>Période 4</th><th>Période 5</th></tr>
<tr><td rowspan="4">Explorer la matière</td><td colspan="5">Choisir, utiliser et savoir désigner des outils et des matériaux adaptés à une situation, à des actions techniques spécifiques (plier, couper, coller, assembler, actionner…).</td></tr>
<tr><td colspan="4">Découvrir une propriété de la matière (exemple : le magnétisme*)</td><td></td></tr>
<tr><td colspan="3"></td><td colspan="2">Découvrir les ombres et la lumière*</td></tr>
<tr><td colspan="5">Classer, désigner et définir leurs qualités en acquérant le vocabulaire approprié*</td></tr>
<tr><td rowspan="5">Utiliser, fabriquer, manipuler des objets</td><td colspan="5">Choisir, utiliser et savoir désigner des outils et des matériaux adaptés à une situation, à des actions techniques spécifiques (plier, couper, coller, assembler, actionner…).</td></tr>
<tr><td colspan="3">Assembler, actionner (la lampe de poche*)
Agir avec des aimants*</td><td colspan="2"></td></tr>
<tr><td colspan="3"></td><td colspan="2">Fabriquer des objets qui roulent* : des poulies, des engrenages, des plans inclinés*</td></tr>
<tr><td colspan="5">Réaliser des constructions ; construire des maquettes simples en fonction de plans ou d'instructions de montage.</td></tr>
<tr><td colspan="5">Prendre en compte les risques de l'environnement familier proche.
Objets dangereux – comportements dangereux – produits toxiques</td></tr>
<tr><td rowspan="5">Utiliser des objets numériques (appareil photo, tablette, ordinateur)</td><td colspan="5">Utiliser une tablette, un ordinateur</td></tr>
<tr><td colspan="2">Utiliser un ordinateur et une souris</td><td colspan="3"></td></tr>
<tr><td colspan="3">Utiliser une tablette tactile de façon autonome et adaptée*</td><td colspan="2"></td></tr>
<tr><td colspan="2"></td><td colspan="3">Commencer à programmer un robot adapté aux élèves de maternelle</td></tr>
<tr><td colspan="3"></td><td colspan="2">Effectuer avec l'enseignant une recherche via le réseau internet</td></tr>
</table>

Indépendamment ou en complément des compétences transversales, certaines d'entre elles sont à mobiliser prioritairement durant des périodes spécifiques. Rien n'empêche toutefois de les anticiper voire de les poursuivre.

*Points développés dans l'ouvrage dans le cadre de séances

9

Se repérer dans le temps

Séquence n° 1 : Construire et savoir utiliser une frise hebdomadaire 164

Séance filée n° 1 Jours de la semaine et activités de classe 166

Séance filée n° 2 La succession des jours 168

Séance filée n° 3 Histoire de jours 170

Séance filée n° 4 La frise hebdomadaire 172

Séquence n° 2 : Situer les événements les uns par rapport aux autres 175

Séance filée n° 1 Antériorité, postériorité et simultanéité 176

Marc Loison

Séquence n° 1

Construire et savoir utiliser une frise hebdomadaire

- Séance filée n° 1 : **Jours de la semaine et activités de classe**
- Séance filée n° 2 : **La succession des jours**
- Séance filée n° 3 : **Histoire de jours**
- Séance filée n° 4 : **La frise hebdomadaire**

Description de la séquence

Objectifs du domaine d'apprentissage

- Séance filée n° 1 : Introduire les repères sociaux. Découvrir et caractériser chacun des jours composant la semaine
- Séance filée n° 2 : Consolider la notion de chronologie. Appréhender l'antériorité, la postériorité. Construire la succession des jours de la semaine
- Séance filée n° 3 : Consolider la notion de chronologie. Remettre en ordre les jours de la semaine par référence à une histoire
- Séance filée n° 4 : Introduire les repères sociaux. Situer les activités de la classe sur une frise hebdomadaire

Attendus de fin de cycle

- Situer des événements vécus les uns par rapport aux autres et en les repérant dans la semaine (séances filées n°s 1 et 4)
- Utiliser des marqueurs temporels adaptés (séance filée n° 2)
- Ordonner une suite de photographies ou d'images et marquer de manière exacte la succession (séance filée n° 3)

Critères observables

- Savoir **nommer** les jours de la semaine
- Savoir **lire** le nom des jours de la semaine
- Dans une suite de jours constituant la semaine être capable de **montrer**, de **nommer** le jour **présent**, le jour **précédent**, le jour **suivant**
- Savoir **utiliser** des **éléments graphiques et iconographiques** pour identifier les jours de la semaine
- Savoir **organiser les caractéristiques** des jours de la semaine dans un tableau à double entrée

Objectifs langagiers

• **Utiliser les marques temporelles et chronologiques** dans des phrases du type : « Hier nous étions... », « Aujourd'hui nous sommes... », « Demain nous serons... »
• **Savoir justifier** le choix d'une étiquette « jour » par référence à une activité spécifique de la classe

Préparation organisationnelle, matérielle et spatiale de la classe

Organisation de la classe

Alternance travail collectif / travail individuel

Matériel

• Ensemble d'étiquettes de grand format comportant le nom des jours de la semaine
• Étiquettes mobiles : « Aujourd'hui », « Hier », « Demain »
• Frise chronologique simple, organisée suivant les couleurs d'une comptine étudiée préalablement[1]
• Frise à registres (jours de la semaine, numéro du jour, codes couleurs, activités de classe, marques temporelles)

Lundi	Mardi	Mercredi	Jeudi	Vendredi	Samedi	Dimanche
3	4	5	6	7	8	9
Case grise	Case jaune	Case rose	Case bleue	Case verte	Case rouge	Case blanche
Dessin activité 1	Dessin activité 2	Dessin activité 3	Dessin activité 4	Dessin activité 5	Dessin activité 6	Dessin activité 7
			Aujourd'hui			

• Un tableau dans la zone de regroupement des enfants[2]
• Système de fixation mobile des étiquettes (pâte adhésive, aimants, etc.)
• Album de jeunesse : Colin Hawkins, *La Semaine de Monsieur Loup*, Albin Michel Jeunesse, 1995

Aménagement et/ou utilisation de l'espace

• Travail collectif dans la zone de regroupement face au tableau (séances filées nos 1, 2, 3 et 4)
• Travail individuel sur table (séances filées nos 1 et 2)
• Travail en ateliers (séance filée n° 4).

1. Comptine au choix du maître. Toutefois, à titre d'exemple, on peut étudier préalablement la comptine suivante : « Le lundi est tout gris. Jaune clair est le mardi. Mais voici mercredi rose, on se repose. Jeudi bleu vient à son tour. Vendredi vert le suit toujours. Samedi rouge, dimanche blanc, c'est la joie pour les enfants. »
2. Conformément à la terminologie employée dans les programmes de l'école maternelle *in Bulletin officiel* n° 31, 30 juillet 2020, notamment page 22, nous n'utiliserons que le terme « enfant ».

Séance filée n° 1
Jours de la semaine et activités de classe

Description de la séance

30 minutes

Étape 1. Activité de découverte collective

• **Utilisation d'outils de reconnaissance de mots :** les étiquettes des jours de la semaine sont accrochées au tableau dans le désordre. Les enfants sont invités à reconnaître les mots. Par référence aux prénoms de la classe, aux différents écrits affichés dans la classe (référentiel de classe), les enfants formulent des hypothèses : « On dirait... », « Ça commence comme... », « Ça ressemble à... ».

• **Justification :** les propositions sont confirmées ou infirmées par comparaison avec la frise des jours (codes couleurs et mots écrits) élaborée à partir de la comptine.

• **Introduction du marqueur temporel** « **aujourd'hui** » **:** l'enseignant demande aux enfants de reconnaître le nom du jour présent sur la frise des jours codés et de trouver l'étiquette correspondante. Celle-ci est alors placée sur le tableau en respectant l'organisation linéaire gauche-droite. Le terme « aujourd'hui » est introduit et utilisé dans une phrase du type : « Aujourd'hui nous sommes... » Parallèlement on place l'étiquette « Aujourd'hui » en regard de l'étiquette du jour présent.

• **Caractérisation du jour** : l'enseignant fait alors indiquer une activité caractéristique de la journée (commune à l'ensemble de la classe, propre à la journée et revenant systématiquement). Une phrase du type « Aujourd'hui nous sommes mardi, nous allons à la piscine » est formulée et répétée par plusieurs enfants.

• **Repérage et placement des autres jours** : les étiquettes des autres jours sont disposées par rapport à ces repères (étiquette du jour présent et étiquette « Aujourd'hui »).

Étape 2. Activité rituelle

Dans le cadre des rituels, on prendra la précaution de construire quotidiennement la succession des jours selon le même schéma : identification de l'étiquette du jour (prise de repères dans l'écrit), la nommer dans une phrase du type « Aujourd'hui nous sommes... », la caractériser avec une activité propre à la classe et l'afficher dans l'ordre de la succession.

Exemple 1 : Début de semaine

Lundi	Mardi	Mercredi	Jeudi	Vendredi	Samedi	Dimanche
Aujourd'hui						

Exemple 2 : Fin de semaine

Vendredi	Samedi	Dimanche	Lundi	Mardi	Mercredi	Jeudi
Aujourd'hui						

Étape 3. Activité de caractérisation individuelle

Les enfants sont invités à écrire le nom du jour présent et à dessiner l'activité qui le caractérise. Par la suite, quand tous les jours auront été passés en revue et caractérisés, les enfants choisiront les dessins les plus pertinents pour illustrer la frise de classe.

Rôle de l'enseignant

- Privilégier les activités de désignation
- Faire utiliser la comptine des jours
- Fournir le cas échéant une aide visuelle supplémentaire : mot écrit associé au code couleur et au dessin de l'activité

Observables comme outils d'évaluation positive

L'enfant est capable de situer sur une suite de jours constituant une semaine l'étiquette du jour :
- soit en la montrant ;
- soit en la nommant ;
- soit en y associant l'étiquette « Aujourd'hui ».

Traces

Frise de classe construite progressivement et associant jours et activités caractéristiques de classe (activités communes à tous et spécifiques de la journée).

Variables didactiques

- Reconnaître l'étiquette du jour dans un ensemble désorganisé puis dans une suite organisée en la montrant, en la nommant et surtout en justifiant son choix par référence à une activité spécifique de la classe.
- Mettre en correspondance sur une suite de jours organisée l'étiquette « Aujourd'hui », puis énoncer oralement une phrase du type : « Aujourd'hui, nous sommes lundi car nous allons à la piscine. »

Séance filée n° 2 La succession des jours

Description de la séance

30 minutes

Étape 1. Travail collectif

• **Introduction de marqueurs temporels de plus en plus complexes** : les enfants sont invités à répondre à la question : « Quel jour sommes-nous ? » Conjointement, l'étiquette « Aujourd'hui » est placée par un enfant dans le cinquième registre de la frise à l'endroit adéquat (voir exemple ci-dessous). L'enfant effectuant cette tâche doit énoncer oralement : « Aujourd'hui nous sommes jeudi 6 », puis progressivement (au fur et à mesure que les mois seront introduits) « jeudi 13 novembre, jeudi 20 novembre, etc. ».

• **Justification et caractérisation des jours** : l'identification du jour est justifiée par référence à l'activité caractéristique de classe : « Aujourd'hui, nous sommes le vendredi 21 novembre car nous allons à l'espace moteur. »

• **Introduction de repères d'antériorité et de postériorité** : à l'aide des étiquettes « Hier », « Demain », on introduit des repères d'antériorité et de postériorité**.**

• **Utilisation de marqueurs d'énonciation** : par référence aux caractéristiques des jours (activités humaines et sociales), on évoque le jour qui précède : « Hier, c'était mercredi, le jour où l'on ne vient pas à l'école. » On caractérise le jour qui suivra aujourd'hui : « Demain ce sera vendredi, le jour où les mamans viennent raconter des histoires à la bibliothèque. » Les étiquettes « Hier » et « Demain » sont introduites et affichées dans le cinquième registre de la frise.

Lundi	Mardi	Mercredi	Jeudi	Vendredi	Samedi	Dimanche
3	4	5	6	7	8	9
Case grise	Case jaune	Case rose	Case bleue	Case verte	Case rouge	Case blanche
Dessin activité 1	Dessin activité 2	Dessin activité 3	Dessin activité 4	Dessin activité 5	Dessin activité 6	Dessin activité 7
		Hier	Aujourd'hui	**Demain**		

Étape 2. Travail individuel

Séance d'écriture des marqueurs d'énonciation : « aujourd'hui, hier, demain ».

Étape 3. Activité rituelle

Là aussi, dans le cadre des rituels, on prendra la précaution de construire quotidiennement la succession des jours selon le même schéma : utilisation de marqueurs temporels de plus en plus complexes : jour + numéro + mois ; justification par le biais de la caractérisation des jours ; énonciation et justification du jour qui précède ou qui suit.

Rôle de l'enseignant

- Veiller à solliciter les enfants « petits parleurs » et à leur faire répéter la phrase de justification.
- Pour matérialiser la notion de passé et de futur proches, utiliser les caractéristiques figurant dans le registre 4.
- Pour les enfants en difficulté, compléter le registre 4 avec des photographies de situations de classe réellement vécues par eux.
- Commencer à introduire progressivement deux activités par jour (une le matin et une l'après-midi).

Observables comme outils d'évaluation positive

- L'enfant est capable de situer les jours demandés sur la frise en y associant les étiquettes « Aujourd'hui », « Hier » et « Demain ».
- Il est capable d'utiliser les marques temporelles et chronologiques dans des phrases du type : « Hier, nous étions... », « Aujourd'hui nous sommes... », « Demain, nous serons... ».

Traces

Voir frise à registres précédente.

Variables didactiques

- Supprimer le code de couleur dans la frise à registres.
- Complexifier avec un jeu de reconnaissance des jours : 7 enfants sont désignés. On donne à chacun d'eux un dessin d'une activité caractéristique. Ils doivent venir se placer dans l'ordre des jours de la gauche vers la droite, devant la classe.
- Les 3 enfants concernés doivent conjointement se munir des marqueurs d'énonciation : « hier, aujourd'hui et demain ». Le reste de la classe est chargé de valider.

Séance filée n° 3
Histoire de jours

Description de la séance

20 minutes

Étape 1. Découverte collective de l'album.

• **Relevé d'indices** : dans un premier temps, on demande aux enfants de relever des indices sur la première de couverture. Par comparaison avec les mots du référentiel, le nom du héros est facilement reconnu, la thématique du « loup » ayant été préalablement abordée avec les enfants. L'enseignant confirme en indiquant le titre complet de l'album. Il fait alors réagir les enfants, notamment sur le terme « semaine ».

• **Formulation d'hypothèses** : les enfants sont invités à formuler des hypothèses : cet album raconte les activités du loup les jours de la semaine. Pour confirmer l'hypothèse, l'enseignant ne raconte pas l'histoire, mais présente une à une les pages de l'album. À charge pour les enfants de découvrir les activités du loup par le truchement de l'écrit.

La semaine de monsieur Loup.
Mercredi, il neige, monsieur Loup fait des boules de neige.
Lundi, il pleut, monsieur Loup saute dans les flaques d'eau.
Samedi et dimanche, il fait très chaud, monsieur Loup va à la plage.
Mardi, le vent souffle, monsieur Loup joue au cerf-volant.
Vendredi, le soleil brille, monsieur Loup fait du jogging.
Jeudi, il gèle, monsieur Loup fait du patin à glace.

• **Mise en relation d'éléments écrits et iconographiques** : à chaque fois qu'une nouvelle page est présentée, les enfants sont sollicités pour reconnaître l'écrit : nom du héros (répété sur chaque page), nom des jours et éléments météorologiques que l'on peut identifier grâce à la frise hebdomadaire et aux relevés quotidiens affichés de manière permanente dans la classe.

• **Découverte et justification des activités journalières** : une fois que le jour et le temps météo sont identifiés par les enfants, ces derniers sont invités à découvrir les activités du loup en formulant des hypothèses par référence aux éléments météorologiques reconnus. Pour confirmer ou infirmer les hypothèses, on a recours à l'illustration de la page en regard du texte, jusque-là masquée.

Étape 2. Remise en ordre collective des jours de la semaine

• **Reconnaissance des jours** : l'enseignant effectue une lecture magistrale de la totalité de l'histoire. À chaque fois qu'un jour est prononcé, on demande à un enfant de prendre l'étiquette du jour correspondante et de l'afficher au tableau. Les jours de la semaine sont ainsi placés au tableau de gauche à droite, suivant l'ordre dans lequel ils apparaissent.

• **Mise en ordre chronologique** : on demande aux enfants d'observer l'ordre obtenu. Ces derniers, éventuellement par comparaison avec la frise des jours, doivent découvrir que l'ordre des jours n'est pas respecté. On procède alors à la mise en ordre chronologique des étiquettes.

Rôle de l'enseignant

• Porter l'accent sur l'aspect méthodologique lors de cette séance.

• Insister plus particulièrement sur l'utilisation des référentiels de classe (frise des jours de la semaine, relevés météorologiques) pour confirmer ou infirmer les hypothèses.

Observables comme outils d'évaluation positive

L'enfant est capable d'utiliser des éléments graphiques et iconographiques pour identifier les jours de la semaine et les activités.

Traces

L'album est mis à la disposition des enfants dans le coin bibliothèque afin qu'ils puissent le consulter à loisir.

Variables didactiques

Complexifier le référentiel météorologique servant à identifier les activités :

- dessin seul (signifié) ;
- dessin (signifié) + mot (signifiant) ;
- mot seul (signifiant).

Relevé météorologique

Cliché : M. Loison

Séance filée n° 4
La frise hebdomadaire

Description de la séance

15 minutes (séances d'énonciation des activités)
30 minutes (séance d'exploitation des données)

Étape 1. Travail collectif (à effectuer quotidiennement dans le cadre des rituels)

• Énonciation **des activités marquantes** : à l'oral, en prenant appui sur la frise de la semaine, les enfants énoncent les activités marquantes de chaque jour.

• **Relevé des informations** : l'enseignant procède alors au relevé des informations au tableau. Celles-ci sont reportées dans des colonnes, sans tenir compte de l'ordre chronologique (matin et après-midi), de la manière suivante :

Lundi	Mardi	Mercredi	Jeudi	Vendredi	Samedi	Dimanche
Informatique Piscine Chorale	Lecture de contes Cinéma	etc.	etc.	etc.	etc.	etc.

Étape 2. Exploitation des données (à effectuer lorsque tous les jours ont été passés en revue)

• **Découverte collective** : l'enseignant effectue une lecture magistrale du relevé d'informations afin de faire découvrir aux enfants que les activités du matin et de l'après-midi sont mélangées et qu'il y a des jours sans école.

• **Questionnement** : Comment faire pour s'y retrouver ? Afin d'aider les enfants dans leur réflexion, on leur montre différents supports : planning de la semaine, programmes de télévision hebdomadaires.

Étape 3. Travail en ateliers

• **Appropriation du matériel** : on distribue dans chaque atelier un jeu d'étiquettes reprenant l'ensemble des activités évoquées lors de la phase collective ainsi qu'un embryon de tableau du type suivant.

Lundi	Mardi	Mercredi	Jeudi	Vendredi	Samedi	Dimanche

Dans un premier temps, les étiquettes des activités sont réparties entre les enfants à l'intérieur de chaque atelier.

• **Mise en relation signifiant (mot) / signifié (dessin)** : après identification et lecture de chaque étiquette, avec l'aide ou après vérification de l'enseignant, les dessins correspondants sont effectués en regard du mot.

• **Organisation des données** : on donne alors la consigne suivante : « Placez correctement les étiquettes dans le tableau de telle manière que l'on voie les activités du matin et de l'après-midi. » L'objectif est ici de faire découvrir aux enfants qu'il y a lieu de séparer les informations par le biais de la création de lignes.

Rôle de l'enseignant

• Guider oralement le placement des vignettes dans le tableau.

• Indiquer le nom des activités pour un jour et faire reformuler par l'enfant pour s'assurer de la mémorisation immédiate.

Observables comme outils d'évaluation positive

• L'enfant repère chaque jour dans le tableau.

• Il sait montrer le matin ou l'après-midi.

• Il sait relire le tableau.

• Il est capable d'organiser les caractéristiques sociales des jours de la semaine dans un tableau à double entrée.

Traces

Tableau à double entrée montrant pour chaque demi-journée au moins une activité marquante.

Variables didactiques

• Le tableau comporte des vignettes déjà placées dans certaines cases : on relit et on complète la suite avec un guidage de l'enseignant.

• Apporter un guidage spatial complémentaire (pointer par exemple le lundi, indiquer le matin, l'après-midi).

• Élaborer l'emploi du temps d'une autre classe de l'école.

Prolongement de la séquence

Ouverture vers une autre discipline

• À l'issue de la séance filée n° 3, pour les enfants éprouvant encore des difficultés, dans le cadre d'ateliers de **maîtrise du langage**, mettre en œuvre des activités de décodage de l'écrit.

• À l'issue de la séance filée n° 4, mettre en œuvre des **activités mathématiques** autour du tableau à double entrée (par exemple organisation des relevés météorologiques à la fin de chaque mois ou alors élaboration du planning des activités principales de la semaine d'une autre classe de l'école ; voir exemple de production en annexe).

Transfert de compétences

• Séance filée n° 1 : Activité de **caractérisation** des jours : on montre le dessin d'une activité, les enfants doivent trouver l'étiquette du jour correspondant, et inversement.

• Séance filée n° 2 : Activité de **mise en ordre chronologique** (succession des jours) : 7 enfants sont désignés. On donne à chacun d'eux un dessin d'une activité caractéristique. Les enfants doivent se placer dans l'ordre des jours, de la gauche vers la droite.

Exemple de production d'enfant (planning de la semaine d'une autre classe)

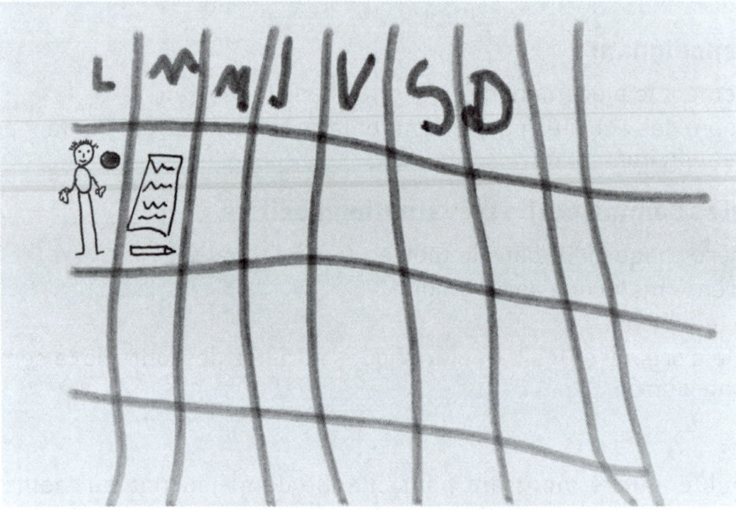

Cliché : M. Loison

Séquence n° 2

Situer les événements les uns par rapport aux autres

• **Séance filée n° 1 : Antériorité, postériorité et simultanéité**

Description de la séquence

Objectifs du domaine d'apprentissage

• Consolider la notion de « chronologie »
• Percevoir et restituer l'antériorité, la postériorité et la simultanéité

Attendus de fin de cycle

Ordonner une suite de photographies ou d'images et marquer de manière exacte la succession et la simultanéité

Critères observables

• Savoir ordonner les images dans l'espace « bande » de gauche à droite ou de haut en bas en respectant la chronologie
• Savoir montrer sur l'espace « bande » la simultanéité en superposant les images, en les plaçant l'une au-dessus de l'autre ou en formant une unité bien signifiée par rapport aux autres images

Objectifs langagiers

Utiliser à bon escient les marqueurs chronologiques et temporels suivants : « avant, puis, après, en même temps »

Préparation organisationnelle, matérielle et spatiale de la classe

Organisation de la classe

Alternance travail collectif / travail en ateliers

Matériel

• 5 images séquentielles racontant l'histoire du Petit Chaperon rouge (1 jeu par enfant)
• Tableau, pâte adhésive, aimants
• Album : Charles Perrault, « Le Petit Chaperon rouge », *Le Trésor des contes,* Paris, France Loisirs, 1991, pp. 44-48

Aménagement et/ou utilisation de l'espace

Travail collectif dans la zone de regroupement. Tables regroupées pour les ateliers

Séance filée n° 1 Antériorité, postériorité et simultanéité[1]

Description de la séance

30 minutes

Étape 1. Phase collective

- **Découverte de l'histoire** : l'enseignant raconte l'histoire originelle du Petit Chaperon rouge. Il insiste sur le passage : « Le Petit Chaperon rouge cueille des fleurs. Pendant ce temps, le loup va chez sa grand-mère. » Éventuellement, si l'enseignant estime que cette formulation est trop complexe, il pourra privilégier la tournure suivante : « Le Petit Chaperon rouge cueille des fleurs, en même temps que le loup va chez sa grand-mère. »
- **Explicitation du marqueur « en même temps que »** : l'enseignant fait expliciter cette phrase. Il demande ensuite à plusieurs enfants de raconter l'histoire en respectant la chronologie.

Étape 2. Travail en ateliers

Les enfants disposent chacun des 5 images séquentielles suivantes :

Source : Évaluation nationale, ministère de l'Éducation nationale, DP&D

On leur demande d'ordonner les images dans l'espace « bande », de gauche à droite ou de haut en bas, en respectant la chronologie. L'organisation de droite à gauche ou de bas en haut est acceptée car il s'agit d'une inversion d'origine.

1. À reproduire autant de fois que nécessaire dans l'année.

Rôle de l'enseignant

Faire expliciter l'organisation spatiale utilisée par chaque enfant et formuler la phrase contenant le marqueur correspondant (« avant, après, en même temps »).

Observables comme outils d'évaluation positive

- L'enfant sait ordonner les images de gauche à droite ou de haut en bas.
- Il sait montrer la simultanéité en superposant les images, en les mettant les unes au-dessus des autres ou en formant une unité bien signifiée.

Traces

Images séquentielles organisées et collées sur la bande temps.

Variables didactiques

- Organiser chronologiquement 5 photographies d'activités de la matinée de classe présentant un atelier antérieur puis postérieur à la récréation.
- Organiser chronologiquement une dizaine de photographies représentant les activités de la matinée, dont 4 ateliers antérieurs et 3 postérieurs à la récréation.

Prolongement de la séquence

Ouverture vers une autre discipline

Chronologie des actions d'une séance d'APS

- Photographies montrant le déplacement et une séance simple. Faire ordonner individuellement les photographies et argumenter l'ordre retenu en utilisant les connecteurs temporels (« avant, après, ensuite, enfin »).
- Photographies montrant le déplacement, le passage au vestiaire, l'échauffement et les ateliers. Remettre les photographies dans l'ordre chronologique. Faire expliciter l'ordre retenu. Rechercher des solutions permettant d'organiser spatialement la simultanéité des ateliers.

Atelier dirigé de langage

Faire utiliser les connecteurs temporels « avant, puis, après, en même temps ».

Transfert de compétences

Consolidation de la simultanéité

Montrer une image représentant la grand-mère et le Petit Chaperon rouge sortant du ventre du loup en présence du chasseur. Imaginer et dessiner les actions simultanées qui ont permis d'obtenir cette fin.

Exemples de présentation de la simultanéité pouvant être acceptés

ou

Adaptation dessins : M. Loison

10

Se repérer dans l'espace

Séquence n° 1 : Activités d'orientation 180

Séance n° 1	Se situer dans un espace connu	182
Séance n° 2	Rallye photos	183
Séance n° 3	Chasse au trésor	184

Séquence n° 2 : Découvrir différents milieux 186

Séance n° 1	Découvrir son environnement proche	187
Séance n° 2	Décrire, comparer des milieux moins familiers	188

Séquence n° 3 : Déplacement et codage 190

Séance n° 1	Robots et codage	192
Séance n° 2	Labyrinthe et tunnels	193

Ève Santhune

Séquence n° 1

Activités d'orientation

- Séance n° 1 : **Se situer dans un espace connu**
- Séance n° 2 : **Rallye photo**
- Séance n° 3 : **Chasse au trésor**

Description de la séquence

Objectifs du domaine d'apprentissage

- Utiliser le vocabulaire relatif à la position, l'orientation et les déplacements
- Situer des objets par rapport à soi-même
- Se situer dans un espace
- Établir les relations entre les déplacements et les représentations de ceux-ci
- Utiliser et produire des représentations diverses

Attendus de fin de cycle

- Se situer par rapport à d'autres, par rapport à des objets repères
- Dans un environnement bien connu, réaliser un trajet, un parcours à partir de sa représentation (dessin ou codage)
- Élaborer des premiers essais de représentation plane, communicables (construction d'un code commun)
- Utiliser des marqueurs spatiaux adaptés (« devant, derrière, droite, gauche, dessus, dessous… ») dans des récits, descriptions ou explications

Critères observables

- Reconnaître et utiliser des représentations d'espaces connus
- Savoir se situer dans un espace en utilisant sa représentation
- Savoir se déplacer en utilisant une représentation de l'espace

Objectifs langagiers

- Nommer et décrire les éléments du milieu
- Décrire les éléments en fonction de leur position dans l'espace
- Utiliser un vocabulaire pour verbaliser sa position et son déplacement

Préparation organisationnelle, matérielle et spatiale de la classe

Séance 1	• Salle de motricité • Installation d'un parcours moteur • Matériel de motricité en miniature • Photographies	• Alternance de temps en salle de motricité et en salle de classe
Séance 2	• Cour de récréation • Planches de photographies • Balises	• En binôme ou en groupe
Séance 3	• Plan de l'espace d'évolution (cour de récréation par exemple) • Objets divers (1 par balise)	• Alternance de temps en classe et dans l'espace d'évolution • En binôme ou groupe

Exemple de plan utilisé pour la séance 3 : la chasse au trésor

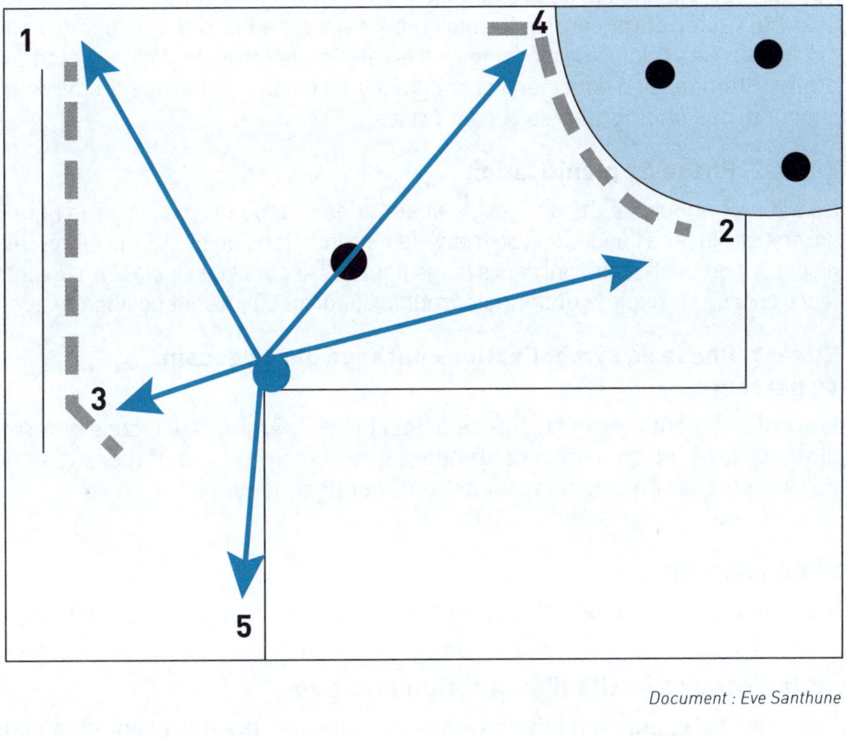

Document : Eve Santhune

Séance n° 1
Se situer dans un espace connu

Description de la séance

40 minutes

Étape 1. Phase d'exploration : représenter un parcours connu

En séance de motricité, les enfants ont vécu le même parcours durant plusieurs séances. En classe, après ces séances, ils doivent représenter les parcours en utilisant le matériel miniature. Ce parcours est pris en photo. La vue aérienne est à privilégier. Ces photos seront reprises en atelier de langage pour le décrire dans un premier temps. Des figurines seront placées à certains endroits du parcours. Pour chacune, des photographies seront prises.

Étape 2. Phase de planification

En salle de motricité, les élèves disposent des photos prises avec les figurines. Ils doivent se placer à l'endroit où se trouve la figurine. Dans un deuxième temps, les élèves disposent de la photo du parcours (sans figurine). Ils doivent se placer à un endroit sur le parcours et indiquer sur la photographie l'endroit où ils sont positionnés.

Étape 3. Phase de symbolisation : passage par le dessin du parcours

Les enfants sont invités en classe à dessiner le parcours. Un code commun sera alors dégagé, et un dessin collectif en grand format sera élaboré. Les activités de l'étape 2 seront reprises à partir du support dessiné.

Rôle de l'enseignant

Observer et écouter pour faire verbaliser, préciser, expliciter, rappeler et faire rappeler les consignes.

Observables comme outils d'évaluation positive

Se repérer sur une représentation (photos, dessins) ; utiliser une représentation pour repérer une position ; représenter un espace connu par le dessin.

Traces

Photographies, dessins qui seront consignés dans un fichier ou classeur.

Variables didactiques

Varier les modalités de travail : individuel, en binôme, en petit groupe. Pour la phase 3, les photographies pourront être utilisées. On peut envisager de placer sur les photos une feuille transparente sur la photo et de tracer les éléments avant de passer au dessin. Privilégier des photos prises du point de vue aérien.

Séance n° 2
Rallye photos

Description de la séance

35 minutes

Étape 1

Les enfants, en binôme, disposent d'une planche de 6 à 8 photos prises sur le lieu d'évolution (cour de récréation par exemple). Ces photos peuvent représenter des endroits que l'on reconnaît très facilement (par exemple une porte) et d'autres ne représentant que partiellement l'endroit ou n'en montrant qu'un petit élément (par exemple : la poignée de la porte).
Un balisage des différents endroits a été prévu par l'enseignant. Ce balisage se fait par des petites cartes avec des symboles ou des gommettes de couleurs.
L'enseignant passe les consignes.
Chaque binôme dispose de planches différentes.

Étape 2

• Les élèves retrouvent à l'aide des photos les lieux correspondant et valident en reproduisant le symbole qui figure sur la balise ou en collant la gommette correspondante.
• Les enfants viennent valider à la fin du parcours. Cependant, l'enseignant peut convenir d'une validation après chaque repérage de balise.

Rôle de l'enseignant

L'enseignant doit sécuriser l'espace d'évolution, faire verbaliser et aider les élèves en difficulté à identifier les éléments présents sur les photos.

Observables comme outils d'évaluation positive

Reconnaître le lieu représenté ou un élément : prendre des repères pertinents ; situer le lieu ; trouver les balises et reporter les symboles/gommettes.

Traces

Planches complétées et photographies.

Variables didactiques

Limiter le nombre de photos sur la planche ; prendre des vues plus ou moins complexes et explicites du lieu à trouver ; varier la pratique en individuel, binôme ou groupe ; investir des espaces connus ou non et varier la distance à parcourir, plus ou moins longue.

Séance n° 3
Chasse au trésor

Description de la séance

25 minutes

Étape 1

En classe, faire émerger le besoin de passer au plan pour pouvoir voir toute la cour de récréation en même temps.
Cette étape sera facilitée par l'utilisation des outils numériques : penser à utiliser les vues aériennes (photos satellites). Cette étape permet de décrire, expliciter, mettre en avant les points repères importants.

Étape 2

Utiliser le plan et s'y repérer. Les enfants ont un plan (en groupe ou binôme). Ils vont se placer dans la cour et indiquent sur le plan l'endroit où ils se trouvent.

Étape 3

Sur le plan, l'enseignant a pointé des emplacements (qui sont indiqués par des numéros ou des lettres). Un point de repère positionne un point de départ. Les enfants sont en binômes et disposent d'un plan sur lequel 5 repères sont placés. Tous les binômes ont un plan dont les balises diffèrent. L'enseignant passe la consigne : « Par deux, vous allez chercher un objet placé aux endroits indiqués en respectant l'ordre. Il faut aller chercher les objets un par un. Dès que vous en avez trouvé un, vous revenez au point de départ. »

Rôle de l'enseignant

- Sécuriser la zone d'évolution.
- Passer et rappeler les consignes.
- Aider les élèves en difficulté à prendre des repères.

Observables comme outils d'évaluation positive

- L'enfant se repère sur un plan.
- Il sait identifier l'endroit où il se trouve sur le plan.
- Il trouve les objets correspondants.

Traces

Plan et fiche de route.

Variables didactiques

- Varier :
  - le mode d'organisation : individuel, en binôme, en groupe ;
  - les objets à trouver (leur nature, leur nombre...) ;
  - la disposition de ces objets (à vue, cachés...).
- Pour faciliter la lecture du plan lors de l'étape 3, penser à orienter le plan. Les enfants reviennent au point de départ après chaque objet trouvé, il est donc intéressant de placer des repères pour qu'ils orientent le plan facilement (gommettes qui permettent de placer ses pouces par exemple).

Prolongement de la séquence

Ouverture vers une autre discipline

Mobiliser le langage dans toutes ses dimensions

Comprendre des textes lus pour accompagner le rappel de récit, utiliser différentes représentations d'un lieu, d'un espace (maquette, dessin, frise...) pour y faire évoluer un ou des personnages, comme dans l'album.

Agir, s'exprimer, comprendre à travers les activités artistiques

- Décrire, comparer des représentations.
- Observer, comprendre et transformer des images.

Transfert de compétences

- Travailler la notion de point de vue (prolongement de la séance 2) : l'enseignant propose aux élèves des photos de lieux prises à des endroits différents. Les élèves doivent identifier « où était le photographe ? » ; un cadre vide peut leur être proposé.
- Pour les classes qui en possèdent, une tablette numérique ou un appareil photo peuvent être utilisés : les élèves qui ont localisé le lieu le prennent en photo et peuvent le comparer à l'original.
- Réinvestissement dans un espace moins connu ou inconnu (parc, cour de l'école élémentaire, terrain communal...)

Séquence n° 2

Découvrir différents milieux

- Séance n° 1 : **Découvrir son environnement proche**
- Séance n° 2 : **Décrire, comparer des milieux moins familiers**

Description de la séquence

Objectifs du domaine d'apprentissage

- Observer son environnement et les constructions humaines
- Décrire des positions dans l'espace : positions par rapport à soi ; positions relatives de deux objets ou deux personnes l'un(e) par rapport à l'autre
- Parler d'espaces lointains (hors du vécu) des enfants en employant un vocabulaire adapté pour décrire des habitats, des monuments, des paysages (en fonction de ce qui a été travaillé en classe)

Attendus de fin de cycle

Utiliser des marqueurs spatiaux adaptés (« devant, derrière, droite, gauche, dessus, dessous... ») dans des récits, des descriptions ou explications

Critères observables

- Décrire son environnement, nommer les éléments et leur position dans l'espace
- Catégoriser les éléments du paysage, tisser des liens
- Comparer
- Se poser des questions et augmenter sa curiosité

Objectifs langagiers

Décrire, comparer, classer, ordonner, désigner, définir, catégoriser

Préparation organisationnelle, matérielle et spatiale de la classe

Séance 1	• Étape 1. Organisation d'une sortie dans le quartier, la ville, le village proche de l'école avec le groupe classe • Matériel : appareils photo, tablettes, à faire manipuler par les enfants, crayons, feuilles	• Étape 2. Travail en petits groupes en classe • Matériel : photos prises durant la sortie, dessins, vidéoprojecteur (non obligatoire), papier affiche
Séance 2	• Matériel lié au projet de classe : albums, documentaires, outils numériques... Aménager un coin ressources et supports dans la classe	

Séance n° 1 Découvrir son environnement proche

Description de la séance

2 heures

Étape 1. Phase d'exploration

L'enseignant organise une sortie dans le quartier, la ville, le village. Les enfants disposent d'appareil photo ou de tablettes. Si les conditions le permettent, l'enseignant peut demander aux enfants de dessiner un élément remarquable. L'enseignant attire leur attention sur des constructions, des activités (magasins, services...), des paysages... dont ils gardent une trace en photo ou en dessin.

Étape 2. Description et catégorisation

De retour en classe, les photos et dessins sont affichés soit au vidéoprojecteur soit imprimés. Les élèves nomment les éléments présents sur les photos et les décrivent. Cette étape peut se dérouler en petits groupe en atelier pour favoriser la prise de parole et les interactions. L'enseignant amène les enfants à catégoriser. On peut attendre : les magasins et services, les éléments routiers, les panneaux informatifs, les habitations (immeubles, maisons...).

Étape 3. Institutionnalisation

Cette étape correspond à la mise en commun du travail des différents groupes. Les groupes auront élaboré des catégories différentes, donc comparer, justifier, argumenter... interagir. Une trace d'institutionnalisation est élaborée avec les enfants, elle peut être faite sur une affiche.

Rôle de l'enseignant

L'enseignant doit organiser la sortie en prenant les dispositions nécessaires à la sécurité des élèves, amener les enfants à se questionner et à verbaliser ces questionnements et verbaliser et faire verbaliser les descriptions.

Observables comme outils d'évaluation positive

L'enfant décrit en utilisant un vocabulaire spécifique ; il justifie et argumente ; il établit des liens et catégorise.

Traces

Photos et dessins réalisés lors de la sortie et affiches

Variables didactiques

Penser à la constitution des groupes pour l'atelier afin de faciliter la prise de parole

Séance n° 2
Décrire, comparer des milieux moins familiers

Description de la séance

25 minutes

Étape 1. Phase de découverte

Cette séance se déroule dans le cadre d'un projet de classe. Il peut s'agir d'une correspondance avec une autre école (dont l'environnement est différent, moins familier : plage/montagne ; ville/village...). Le projet peut naître à partir d'un album de littérature de jeunesse.

Lors de cette première étape, les enfants prennent connaissance de documents et/ou photos de ces paysages. Les enfants ont à décrire ce qu'ils y voient. Il peut être intéressant d'utiliser les outils numériques pour visualiser les lieux en question (se connecter à des webcams par exemple).

Étape 2. Phase de recherche

L'enseignant amène les enfants à se questionner. Les affiches créées lors de la séance 1 pourront servir de point d'appui aux questionnements. Lors de cette étape, la comparaison du milieu avec celui de l'environnement de l'école permettra d'amener les élèves à faire des recherches.

Étape 3. Institutionnalisation

Comme pour la première séance, la création d'affiches permettra de garder des traces des découvertes, des recherches...

Rôle de l'enseignant

- Favoriser l'utilisation et l'accès des supports (images, photos, documentaires...).
- Penser l'aménagement de l'espace classe : bibliothèque, ressources iconographiques...
- Verbaliser et faire verbaliser.
- Amener par leur questionnement les élèves à se poser des questions et faire naître les interactions.

Observables comme outils d'évaluation positive

- L'enfant repère les éléments, les décrit.
- Il utilise un vocabulaire topologique.
- Il décrit, compare et associe.

Traces

- Photos, dessins et légendes.
- Affiches.

Variables didactiques

Varier les supports proposés : photos, cartes postales, œuvres picturales, albums, documentaires...

Prolongement de la séquence

Ouverture vers une autre discipline

Mobiliser le langage dans toutes ses dimensions

Découvrir la fonction de l'écrit

Découverte de différents supports de l'écrit.

Éveil à la diversité linguistique

Agir, s'exprimer, comprendre à travers les activités artistiques

- Décrire, comparer des représentations.
- Observer, comprendre et transformer des images.
- Approche de la photographie notion de cadrage / point de vue : une photo est donnée à l'enfant. Avec un cache évidé, une feuille de papier roulée ou un cadre, il doit se positionner pour observer exactement la même chose que sur la photo.

Explorer le monde

Organiser des sorties régulières aux mêmes endroits (exemple : la rue de l'école ou un parc à proximité) pour constater l'évolution selon les saisons ou selon les activités humaines.

Transfert de compétences

D'autres types de paysages peuvent être étudiés de la même manière.

Séquence n° 3

Déplacement et codage

- Séance n° 1 : **Robots et codage**
- Séance n° 2 : **Labyrinthe et tunnels**

Description de la séquence

Objectifs du domaine d'apprentissage

- S'orienter dans l'espace
- Orienter des objets les uns par rapport aux autres et par rapport à des repères
- Déplacer des objets dans l'espace et anticiper les déplacements
- Utiliser des repères (quadrillage)

Attendus de fin de cycle

- Utiliser des marqueurs spatiaux adaptés (« devant, derrière, droite, gauche, dessus, dessous... ») dans des récits, des descriptions ou explications
- Situer des objets par rapport à soi, entre eux, par rapport à des objets repères

Critères observables

- L'enfant est capable de faire évoluer le robot.
- Il programme un déplacement.
- Il décrit l'action et le déplacement du robot.

Objectifs langagiers

- Verbaliser les actions et déplacements du robot
- Émettre des hypothèses
- Anticiper les tâches en les verbalisant
- Décrire l'action et le déplacement pendant et en amont

Préparation organisationnelle, matérielle et spatiale de la classe

Séance 1	*Bee-bot* ou *blue-bot* Support « tapis » : il peut être acheté, mais il peut être fabriqué (support quadrillé à l'aide de ruban adhésif, peinture... chaque case ayant une dimension de 15 × 15 cm Objets divers Photos et images à positionnées sur le quadrillage	En atelier de 5-6 élèves
Séance 2	*Bee-bot* ou *blue-bot* Tapis, tunnels en carton, objets divers pour matérialiser un labyrinthe	En ateliers

Le *blue-bot* de TTS est un robot qui est programmable à l'aide de 7 touches (avant, arrière, rotation à gauche, rotation à droite, pause, effacer, exécuter). Il se déplace de 15 cm par pas. Ses rotations sont de 90°.

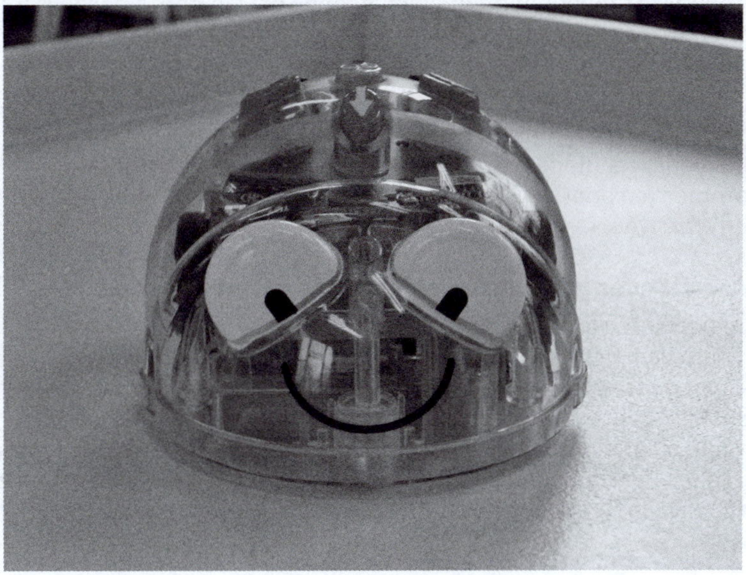

Séance n° 1
Robots et codage

Description de la séance

25 minutes

Étape 1. Découverte des robots

En amont de cette séance, les enfants auront manipulé les robots, auront pu découvrir le fonctionnement et les actions possibles. Ils découvrent la programmation du robot progressivement, en le déplaçant d'abord en ligne, puis en lui faisant faire des rotations.

Étape 2. Déplacement sur quadrillage

L'enseignant a placé des éléments sur le quadrillage. Les enfants doivent programmer le robot pour effectuer un déplacement d'une case « départ » à une case « arrivée ».

Étape 3. Coder le déplacement avant la programmation

• Les enfants rendent visible la programmation qu'ils envisagent de réaliser en utilisant des pictogrammes ou en dessinant les déplacements. Ils commandent le robot en fonction de cette programmation.

• Ensuite, l'enseignant ajoute des contraintes : le robot doit se délacer en passant par une ou plusieurs cases cibles ; le robot doit se déplacer en évitant des cases interdites ; le robot doit se déplacer en trouvant le chemin le plus rapide (donner le moins d'instructions possibles pour atteindre son but).

Rôle de l'enseignant

Faire verbaliser, verbaliser pour anticiper les déplacements, valoriser les essais et mettre en mot les erreurs et aider l'élève à mémoriser et se remémorer.

Observables comme outils d'évaluation positive

L'enfant est capable de verbaliser les déplacements en utilisant le vocabulaire adéquat ; il est capable d'anticiper et il code des déplacements simples.

Traces

Codage et vidéos.

Variables didactiques

Pour les enfants, la notion de gauche et droite n'est pas encore acquise. Pour franchir cet obstacle, des bracelets de couleur différente pour repérer gauche et droite seront fourni aux élèves, et une gommette de couleur équivalente sera placée sur le robot.

Séance n° 2
Labyrinthe et tunnels

Description de la séance

25 minutes

Étape 1. Labyrinthes

Des objets sont positionnés sur le tapis afin de construire un labyrinthe. Le robot doit parcourir le chemin sans faire tomber les murs du labyrinthe.
L'enseignant propose alors plusieurs codages de déplacements. Les enfants doivent choisir le codage nécessaire pour faire sortir le robot du labyrinthe.
Ils programment alors le robot pour valider, ou pas, son choix.

Étape 2. Tunnels

L'enseignant a fabriqué des tunnels en utilisant des cartons. Les tunnels recouvrent une ou plusieurs cases. Ils peuvent être conçus pour nécessiter une rotation. Les enfants ne voient plus les cases cachées par le tunnel. La verbalisation a une place très importante. « Pour sortir du tunnel, le robot doit avancer deux fois, pivoter et avancer une fois. »

Rôle de l'enseignant

- Favoriser les interactions langagières entre les enfants du groupe.
- Amener les élèves à planifier.
- Valoriser les essais et mettre en mot les erreurs.
- Aider l'élève à mémoriser et se remémorer.

Observables comme outils d'évaluation positive

- L'enfant reconnaît le codage nécessaire à un déplacement.
- Il sait programmer le déplacement avec contrainte.
- Il verbalise les déplacements.

Traces

Photos des parcours (labyrinthe et tunnels).

Variables didactiques

- Varier la longueur et la complexité du labyrinthe.
- Complexifier la situation 2 en combinant plusieurs tunnels à la suite (tunnel droit et tunnel nécessitant une rotation).

Prolongement de la séquence

Ouverture vers une autre discipline

Mobiliser le langage dans toutes ses dimensions

Écouter de l'écrit et comprendre

Retracer le parcours d'un personnage d'album : l'enseignant a placé des images représentant les lieux d'évolution du personnage de l'album. Il demande aux enfants de programmer le robot pour que ce dernier passe chronologiquement aux mêmes endroits que le personnage.

Après la lecture d'un album en randonnée, le robot doit rencontrer les personnages secondaires rencontrés par le héros dans le même ordre.

Commencer à réfléchir sur la langue et acquérir une conscience phonologique

Le robot doit passer par toutes les cases sur lesquelles se trouvent une image qui commence ou se termine par la syllabe identifiée par exemple.

Construire les premiers outils pour structurer sa pensée

Découvrir les nombres et leurs utilisations

En numération, on dispose des représentations d'un nombre (constellation, doigts, écriture chiffrée...). On programme le robot pour qu'il n'empreinte que le chemin d'un nombre cible.

Transfert de compétences

- Utiliser des jeux en ligne, type tortue.
- Utiliser des jeux de déplacements sur quadrillage.
- Utiliser les jeux mathématiques, jeux de piste, à plusieurs chemins possibles, se déplacer de case en case.

Programmation du robot à l'aide de la barre de programmation ou du logiciel associé :

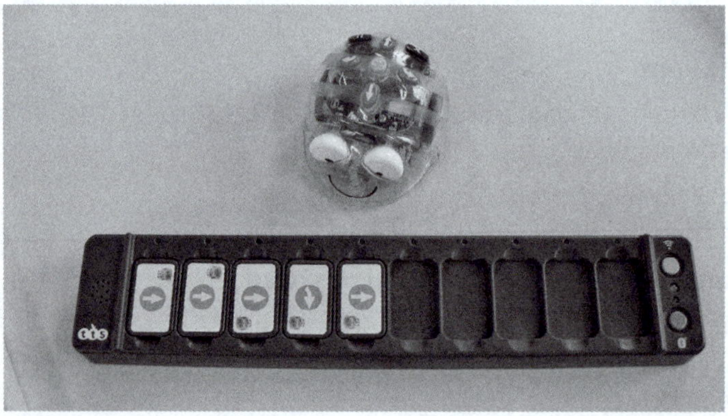

Photo : Eve Santhune

11

Découvrir le monde vivant

Séquence n° 1 : Entretenir un jardin potager à l'école 196

Séance n° 4 En classe, après la préparation du jardin 197

Séances n° 5 à 7 Observation et suivi des plantations 199

Séquence n° 2 : Respecter quelques règles d'hygiène 201

Séance n° 1 L'hygiène du corps 202

Séance n° 4 La toilette 204

Séance n° 6 Le lavage des mains 206

Virginie Lambadaris

Séquence n° 1

Entretenir un jardin potager à l'école

- Séance n° 1 : **Déclencher l'envie de faire un jardin**
- Séance n° 2 : **Comment faire ?**
- Séance n° 3 : **Préparation du jardin puis semis et/ou plantation**
- Séance n° 4 : **En classe, après la préparation du jardin**
- Séances n°s 5 à 7 : **Observation et suivi des plantations**
- Séance 8 : **Bilan et prolongements possibles.**

Les séances 1, 2, 3 et 8 sont laissées à l'initiative de l'enseignant. Seules les séances 4 à 7 sont décrites. Après la séquence, on peut décider de poursuivre l'activité jardinage ; mettre en route une autre séquence avec d'autres plantes (fleurs, plantes aromatiques, petites baies...).

Description de la séquence

Objectifs du domaine d'apprentissage

Savoir ce qu'est une graine ; observer les semis et leur évolution ; découvrir le cycle et les besoins des plantes

Attendus de fin de cycle

- Reconnaître les principales étapes du développement d'un animal ou d'un végétal, dans une situation d'observation du réel ou sur une image
- Connaître les besoins essentiels de quelques animaux et végétaux

Critères observables

L'enfant apprend à : observer ; soigner des plantes ; participer à un projet commun

Objectifs langagiers

Acquérir du vocabulaire, nommer les actions et échanger

Préparation organisationnelle, matérielle et spatiale de la classe

Matériel : outils de jardinage, graines, semis, plantations...

Aménagement et/ou utilisation de l'espace : Un petit bout de jardin, ou on peut réaliser un jardin avec des contenants convertis ou recyclés en un mini-jardin : un seau, une vieille poubelle, un bac à fleurs, des palettes...

Séance n° 4
En classe, après la préparation du jardin

Description de la séance

25 minutes

Étape 1. Organisation en ateliers avec rotation sur la semaine pour le n° 1

- Atelier 1 : en dirigé. Atelier langage sur les photos des travaux faits au jardin.
- Atelier 2 : Dessiner ce qui a été fait au jardin.
- Atelier 3 : Préparer des étiquettes pour repérer ce que nous avons mis dans le potager.
- Atelier 4 : Créer un jardin imaginaire en art visuel.

Étape 2. 15 minutes – Rappel de ce qui a été fait dans le jardin

- Matériel : à disposition des élèves, il y a les photos prises lors du travail dans le jardin pour se souvenir. Deux jeux de photos sont prévus.
- L'enseignant demande à un enfant de prendre une photo sans la montrer à ses camarades et de la décrire. Les autres enfants doivent trouver de quelle photo il s'agit. Procéder ainsi pour les différentes photos.
- Les enfants vont décrire au fur et à mesure chaque photo et utiliser le vocabulaire adéquat. Ce jeu de langage permettra une interaction entre les enfants ; on pourra remettre rapidement dans l'ordre chronologique les différentes étapes (retirer les mauvaise herbes et les cailloux, ratisser, faire des routes pour semer, recouvrir de terre et de compost, arroser, mettre une étiquette).

Étape 3. 10 minutes – Et après ?

Amener les enfants à poser des questions sur ce qui va se passer après.
Par exemple :
Que va devenir la graine ? Toutes les graines se développent-elles de la même manière ? Deviennent-elles aussi grandes ? Leur faut-il beaucoup de temps pour pousser ? Comment se développe la graine ? Est-ce comme dans l'album que nous avons vu au départ de la séquence ? Les jardiniers procèdent-ils ainsi ?

Rôle de l'enseignant

• Noter les questions et les hypothèses des enfants sous la dictée, à présenter sous forme de tableau par exemple :

Questions	Hypothèses	Réponses
Que va devenir la graine de potiron ?	Elle va faire un potiron. Elle va faire des feuilles. Elle va pousser vite.	À compléter au fur et à mesure des observations

• Préciser lorsque les enfants n'utilisent pas le bon vocabulaire (« semer » est différent de « planter »).

Observables comme outils d'évaluation positive

• L'enfant utilise le vocabulaire adéquat.
• Il formule des hypothèses et tente de trouver des réponses.
• Il commence à connaître les besoins des végétaux : compost, eau...

Traces

• Utiliser les photographies, traces, films réalisés lors des plantations et semis dans le jardin.
• Faire dessiner les enfants.
• Garder des traces par le biais de l'écriture sous la dictée des évolutions des plantations, des semis.

Séances n° 5 à 7
Observation et suivi des plantations

Description de la séance

45 minutes

Étape 1.
(10 minutes)

Aller voir le jardin et observer l'évolution des semis et des plantations. Prendre des feuilles, des crayons et dessiner. Aider les élèves à dessiner les détails, à bien regarder. Arracher quelques plantes pour observer ce qui se passe sous la terre : développement des racines, changement de forme de la graine.
Désherber et arroser si nécessaire ; pour cela observer l'état des plantes s'il fait très sec, ou au contraire s'il a beaucoup plu.

Étape 2.
(30 minutes)

En classe, par ateliers, noter les changements des plantations ou semis. L'enseignant passera de groupe en groupe et fera verbaliser les changements observés (par exemple, on voit un fil, une tige, des feuilles). Comparer les différentes plantes : est-ce identique ?
On pourra noter sur un calendrier les évolutions au fur et à mesure des temps réservés à cette observation. Chaque groupe peut s'occuper de deux ou trois plantes. L'enseignant proposera de reprendre le tableau avec les hypothèses. Au fur et à mesure, il notera les conclusions, qui seront accompagnées de dessins et de photos.

Étape 3.
(5 minutes)

Une mise en commun sera effectuée pour chaque groupe par un rapporteur, qui expliquera les observations.
L'enseignant fera une comparaison avec les enfants des différents semis ou plantation : Chaque plante grandit-elle aussi vite ? Que voit-on apparaître ? Faire la différence entre les semis et plantation. Comment sait-on qu'elle grandit ? (Nécessité de dénombrer les feuilles, leur taille.) Comparer avec l'album lu : Est-ce qu'il y a des similitudes, des différences ?

Rôle de l'enseignant

- Faire verbaliser les évolutions des plantations.
- Aiguiller le regard des enfants.
- Questionner pour faire émettre des hypothèses, des conclusions.

Observables comme outils d'évaluation positive

- L'enfant utilise le vocabulaire adéquat.
- Il formule des hypothèses et tente de trouver des réponses.
- Il commence à connaître les besoins des végétaux : compost, eau…

Traces

Il sera utile de photographier les semis régulièrement ; faire dessiner les enfants.

Variables didactiques

- Il est possible de faire écrire les conclusions pour certains groupes.
- Comparer dessins et photos.

Prolongement de la séquence

Ouverture vers une autre discipline

Le langage

Oral

- Maîtrise du lexique :
  - outil du jardinier : bêche, râteau, binette, plantoir, arrosoir, brouette… ;
  - les légumes : potiron, radis, carottes, pommes de terre… ;
  - les fruits : framboises, groseilles… ;
  - le vocabulaire temporel : « d'abord, puis, après, ensuite, enfin ».
- Décrire et catégoriser.
- Travail sur des albums de littérature de jeunesse :
  - *Toujours rien ?*, Christian Voltz, éditions du Rouergue(1997) ;
  - *Quel radis, dis donc !*, Praline GAY-PARA et Andrée PRINGENT, Didier Jeunesse (1998) ;
  - *Jacques et le Haricot magique*, albums du Père Castor, Flammarion (1999) ;
  - *Dix petites graines*, Ruth BROWN, Gallimard Jeunesse (2004) ;
  - *Le Gros Navet*, Alexis TOLSTOI, Père Castor Flammarion.

Les activités artistiques

Travailler sur le thème du jardin, dessiner ce que l'on a semé dans le jardin, réaliser des épouvantails.

Explorer le monde

- L'espace : un travail sur les plans et maquettes des différentes zones du jardin
- Le temps : reporter les évolutions du jardin sur le calendrier, consolider la notion de chronologie.

Découvrir les nombres

Dénombrer les graines, les feuilles, les légumes.

Vivre-ensemble : avoir un projet commun et coopérer

Transfert de compétences

On pourra transférer sur une séquence : sur les arbres, les bouturages ; un projet d'école fleurie ; le recyclage des déchets pour faire du compost.

Séquence n° 2

Respecter quelques règles d'hygiène

- Séance n° 1 : **L'hygiène du corps**
- Séance n° 2 : **Identifier et nommer les parties de son corps**
- Séance n° 3 : **Jeu du pantin**
- Séance n° 4 : **La toilette**
- Séance n° 5 : **Affiche sur la toilette**
- Séance n° 6 : **Le lavage des mains**
- Séance n° 7 : **Affiche sur le lavage des mains**

Seules les séances significatives 1, 4 et 6 sont décrites, les autres étant laissées à l'initiative de l'enseignant.

Description de la séquence

Objectifs du domaine d'apprentissage

Construire les premières règles d'hygiène et comprendre leur intérêt.

Attendus de fin de cycle

Situer et nommer les différentes parties du corps humain, sur soi ou sur une représentation et connaître et mettre en œuvre quelques règles d'hygiène corporelle et de vie saine.

Critères observables

L'enfant apprend à prendre soin de son corps ; connaître et nommer les différentes parties de son corps et à connaître quelques règles d'hygiène.

Objectifs langagiers

Acquérir du vocabulaire sur les différentes parties du corps et nommer les règles d'hygiène.

Préparation organisationnelle, matérielle et spatiale de la classe

Matériel : Grandes feuilles, jeu du pantin, feutres.

Aménagement et/ou utilisation de l'espace : Dans le coin poupées, le mobilier : armoire, lit, couffin, poussettes, chaise de bébé, baignoire, table à langer… ; les accessoires permettant aux enfants d'élaborer des scénarios : peigne, brosse, habits de la taille des poupées, savon, shampoing, serviettes de toilette, gant de toilette…

Les accessoires en double exemplaire favorisent les jeux d'imitation et un climat plus serein.

Séance n° 1
L'hygiène du corps

Description de la séance

35 minutes

Étape 1. Reprendre la séance de natation *(10 minutes)*

(Voir partie : Agir, s'exprimer, comprendre à travers l'activité physique séquence natation, séance 1)
Faire un bilan oral : Pourquoi doit-on prendre la douche à la piscine avant et après la séance ? Quand prend-t-on aussi la douche ? Est-ce le seul moyen de se laver ? Pourquoi se laver ? Que faut-il prendre pour aller à la piscine pour se laver ? S'essuyer ?...

Remarque : il faudra être vigilant et bienveillant pour ne pas mettre mal à l'aise certains enfants.

Étape 2. Déballage verbal *(20 minutes)*

Organisation : l'enseignant proposera un travail de groupe. Un groupe sera pris en charge par l'enseignant pour un atelier langage, les autres enfants étant répartis en ateliers (dessins de la douche à la piscine, recherche de livres sur la toilette...).
Faire un déballage verbal pour lister les façons de prendre soin de son corps pour être propre. Noter sous la dictée les réponses des enfants sur une grande affiche. Un tableau peut être fait avec les hypothèses émises. Ce tableau sera repris avec chaque groupe et complété au fur et à mesure.

	Matériel	Comment faire ?	Quand ?	Pourquoi ?
Se laver les mains	Savon, eau, serviette...		Quand elles sont sales...	Pour ne pas être malade
Se laver	Savon, shampoing, serviette...		À la piscine, lorsque j'ai joué dans le jardin...	

Étape 3. Bilan *(5 minutes)*

Lorsque tous les groupes sont passés, relire la fiche avec toute la classe et demander aux élèves de compléter si nécessaire. Proposer de jouer la scène du lavage au coin poupées.

Rôle de l'enseignant

- Compléter une grille d'observables :
  - lexique utilisé ;
  - connaissance sur l'hygiène du corps.
- Être bienveillant et attentif. Ne pas être dans le jugement.
- Compléter le tableau en écriture sous la dictée.

Observables comme outils d'évaluation positive

- L'enfant utilise le vocabulaire adéquat.
- Il formule des hypothèses et tente de trouver des réponses pour compléter le tableau.
- Il commence à connaître les règles d'hygiène.

Traces

Affiches, tableau.

Variables didactiques

Faire des groupes de niveaux pour le déballage verbal afin de favoriser la prise de parole.

Séance n° 4
La toilette

Description de la séance

35 minutes

Étape 1. Relance *(5 minutes)*

Repartir de la première séance : utiliser la fiche avec les remarques des enfants.

Étape 2. La toilette des poupées *(25 minutes)*

Répartir les enfants en ateliers :
• atelier 1 : dessiner son corps ;
• atelier 2 : reprise du jeu du pantin sur le schéma corporel (jeu mathématique) ;
• atelier 3 : préparer des affiches pour l'exposition ;
• atelier 4 : atelier de remédiation pour les enfants qui ne maîtrisent pas le lexique du schéma corporel. Faire la toilette des poupées, en dirigé.

Description de l'atelier 4

Dans le coin jeux, proposer de faire la toilette des poupées par trois. Laisser les enfants procéder comme ils veulent. L'enseignant demandera de verbaliser : « Je savonne les cheveux avec le shampoing et puis je rince. »
Il fera interagir les enfants et veillera à ce qu'ils utilisent le vocabulaire adéquat :
– **sur les parties du corps :** tête, cheveux, yeux, nez, oreilles, joues, bouche, front, dents, visage, dos, ventre, pied, jambes, genoux, fesses, cou, mains, bras, poignet, cheville, talon, épaule, cuisse, mollet, hanche, taille, coude ;
– **hygiène dentaire :** verre à dent, brosse à dent et dentifrice ;
– **vêtements :** gilet, jupe, robe, pantalon, tee-shirt, chaussettes, chaussures, manches, capuche, boutons, pyjama, bonnet, écharpe... ;
– **hygiène :** couche, brosse, shampooing, gant, serviette, pot, savon, peigne, lavabo, robinet, baignoire... ;
– **verbes :** habiller, mettre, enlever, boutonner, fermer, faire les lacets, attacher, accrocher, savonner, laver, essuyer, frotter, (se) coucher, réveiller, brosser, enfiler, déboutonner, se chausser, déshabiller, se sécher, (se) coiffer, (s') allonger, (se) doucher ;
– **adjectifs :** chaud, froid, tiède, sale, propre...
On n'oubliera pas le brossage des dents.

Étape 3. **Bilan avec la classe complète** *(5 minutes)*

Après l'atelier, faire verbaliser ce que l'on a appris. Comment laver les poupées, et donc comment se laver. Il est nécessaire de transposer par rapport à la douche que l'on a prise à la piscine par exemple. On pourra s'appuyer sur les photos de la toilette des poupées pour réinvestir le lexique. L'enseignant écrit alors sous la dictée les conseils pour la toilette.

Rôle de l'enseignant

- Faire verbaliser ou verbaliser si besoin
- Faire respecter les étapes chronologiques de la toilette
- Provoquer les interactions entre les enfants : Que doit-on faire avant de laver les poupées ? De quoi a-t-on besoin ?...
- Noter sur l'affiche les règles d'hygiène

Observables comme outils d'évaluation positive

- L'enfant utilise le vocabulaire adéquat.
- Il est capable d'expliquer aux autres enfants ce qu'il a fait.
- Il commence à connaître les règles d'hygiène corporelle.

Traces

- Filmer ou faire des photos pendant la séance de toilettes des poupées
- Réaliser une affiche sur la toilette et les règles d'hygiène corporelle

Variables didactiques

Prévoir des groupes de niveaux pour la partie langagière

Séance n° 6
Le lavage des mains

Description de la séance

50 minutes

Étape 1. Repartir de la première séance *(5 minutes)*

Reprendre le tableau de la séance 1 et demander aux enfants ce dont ils se souviennent, puis relire ce qui avait été noté.

Étape 2. Intervention de l'infirmière scolaire *(30 minutes)*

• On pourra demander à l'infirmière scolaire de venir faire une intervention sur le lavage des mains. Il est aussi possible de trouver des vidéos sur ce domaine.
• Il sera important de demander aux enfants de se laver les mains et de mettre en pratique les conseils donnés.
• Après l'intervention, demander aux enfants de répondre aux trois questions : Pourquoi se laver les mains ? Quand se laver les mains ? Comment se laver les mains ?

Étape 3. 15 Bilan *(15 minutes)*

Faire un bilan de ce qui a été appris et le noter sur l'affiche de la séance 1, que l'on complétera sous la dictée. Voici ce qui pourra être inscrit :

Quand se laver les mains ?	Comment se laver les mains ?
Avant de manger ou de toucher des aliments Après s'être mouché le nez Après être allé aux toilettes Après avoir touché à un animal Après avoir joué dehors Après avoir sorti les ordures	Mouille-toi les mains. Mets du savon sur tes mains. Frotte-toi les mains. Environ 20 secondes, le temps d'une comptine. Rince-toi les mains. Essuie-toi les mains

Rôle de l'enseignant

- Compléter le tableau en écriture sous la dictée
- Faire émerger les réponses
- Faire comprendre la nécessité de se laver les mains
- Inciter à avoir le réflexe de se laver les mains

Observables comme outils d'évaluation positive

- L'enfant utilise le vocabulaire adéquat
- Il formule des hypothèses et tente de trouver des réponses pour compléter le tableau
- Il commence à connaître les règles d'hygiène

Traces

- Le tableau et les affiches
- Faire des affiches conseils pour les mettre dans les toilettes par exemple

Prolongement de la séquence

Ouverture vers une autre discipline

Le langage

Oral

Maîtrise du lexique : décrire et catégoriser

Écrit

- Garder traces par le biais de l'écriture sous la dictée des consignes d'hygiène
- Travail sur des albums de littérature de jeunesse
  - *La Toilette de Ploum*, Nathan
  - *Brosse et savon*, Alan Mets, L'École des loisirs

Les activités artistiques

- Travailler sur le thème du corps dans l'art
- Dessiner son corps

Découvrir les nombres et leurs utilisations

- Se mesurer

Explorer le monde

Le temps

Reporter sa taille sur les toises 1 fois par mois

Agir, s'exprimer, comprendre à travers l'activité physique

- Séance de natation
- Toutes les séances d'EPS permettent de travailler sur le bien-être

Transfert de compétences

- Lors des séances de natation
- Dans la vie de tous les jours, savoir quand se laver les mains et le transmettre aux autres

12

Explorer la matière

Séquence n° 1 : Découvrir une propriété de la matière : le magnétisme 209

Séance n° 1	Que font les aimants ?	211
Séance n° 2	Quels sont les objets que les aimants attirent ? (Jeu de la pêche)	212
Séance n° 3	Comment faire bouger un objet sans le toucher en utilisant un aimant ?	214

Séquence n° 2 : Découvrir les ombres et la lumière 216

Séance n° 1	Jouer avec son ombre dehors	218
Séance n° 2	Je me dessine avec mon ombre	220

Valérie Bouquillon
Didier Malafosse

Séquence n° 1

Découvrir une propriété de la matière : le magnétisme

- Séance n° 1 : **Que font les aimants ?**
- Séance n° 2 : **Quels sont les objets que les aimants attirent ? (Jeu de la pêche)**
- Séance n° 3 : **Comment faire bouger un objet sans le toucher en utilisant un aimant ?**

Description de la séquence

Objectifs du domaine d'apprentissage

• Se familiariser avec les propriétés des aimants en répondant aux trois questions ci-dessus.
• Connaître une propriété physique des matériaux : le magnétisme

Attendus de fin de cycle

Explorer la matière

Choisir, utiliser et savoir désigner des outils et des matériaux adaptés à une situation, à des actions techniques spécifiques (plier, couper, coller, assembler, actionner...)

Critères observables

• L'enfant entre dans l'activité et répond à la consigne.
• L'enfant prend conscience d'une propriété de la matière : le magnétisme.

Objectifs langagiers

• Les phases de manipulation et de verbalisation sont l'occasion pour les enfants de s'exprimer pour décrire leurs observations, raconter leurs expériences et justifier leurs choix.
• Les enfants vont certainement employer le terme « coller » (les objets se collent sur la plaque en fer). Il faudra alors faire la distinction avec de la colle.
• Utilisation du vocabulaire spécifique : « attirer », « aimanter ».

Préparation organisationnelle, matérielle et spatiale de la classe

Organisation de la classe

Chaque séance s'effectue en groupe de 8 élèves répartis en binômes.

Organisation matérielle

- Cet atelier d'apprentissage se déroulera dans l'espace dédié aux activités de découverte de la classe (ou coin sciences).
- Une table pour chaque binôme et le matériel prévu.

Matériel

Séance n° 1 : Découverte libre

Pour chaque binôme :

- une table ;
- une plaque en fer ou une petite baguette plate ;
- une plaque de bois ;
- une boîte contenant des aimants de toutes sortes, de formes et de forces variables ;
- des objets en fer et des objets divers (gommes, petits gobelets en plastique, billes, cailloux, craies, pièces de monnaie, dés, boules en bois, petits jouets, etc.) ;
- des magnets (petits aimants portant une image ou une publicité qu'on appose sur le réfrigérateur).

Séance n° 2 : Jeu de la « pêche »
Tri des objets attirés ou pas par un aimant

- Deux aimants par binôme attachés à une longue ficelle (pour attraper les objets de la caisse).
- Une caisse avec des objets en fer et des objets divers (gommes, petits gobelets en plastique, billes, cailloux, craies, pièces de monnaie, dés, boules en bois, petits jouets, etc.).
- Deux autres boîtes pour trier les objets.

Séance n° 3 : Situation problème

Pour chaque enfant :

- un petit personnage en plastique, que l'on peut trouver dans les œufs surprises ;
- un petit aimant plat ;
- un aimant plus gros ;
- une boule de pâte collante ;
- une feuille de papier cartonné posée sur deux morceaux de bois. Il faut pouvoir passer sa main en dessous pour faire bouger le personnage placé au-dessus de la feuille.

Séance n° 1
Que font les aimants ?

Description de la séance

30 minutes

Étape 1. Phase d'exploration libre

• L'enseignant constitue les binômes, présente le matériel à disposition sur les tables et laisse les enfants manipuler et explorer les aimants.
• Les enfants posent les objets sur les plaques et observent.
• On peut suggérer de lever les plaques pour constater que le phénomène ne concerne pas tous les matériaux.
• Les enfants remarquent que tous les objets ne restent pas accrochés.
• La curiosité et les manipulations vont faire apparaître rapidement la propriété des aimants.

Étape 2. Phase de verbalisation et de structuration

• L'enseignant invite les enfants à parler de ce qu'ils ont observé pendant les manipulations. Cette discussion permet de préciser le langage et de rendre compte des découvertes. Les enfants répondent aux questions suivantes :
– Quels sont les objets qui ne « s'accrochent » pas à la plaque de fer ?
– Quels sont les objets qui restent « accrochés » à la plaque de fer ?
– Y a-t-il des objets qui restent « accrochés » à la plaque de bois ?
• Pour valider ou invalider les réponses des enfants, il faut avoir prévu une plaque de fer et une de bois.
• Cette phase de verbalisation permet de préciser que ce sont les aimants et les magnets qui restent accrochés à la plaque en fer.

Rôle de l'enseignant

Il incite les enfants à verbaliser et à préciser leurs réponses.

Observables comme outils d'évaluation positive

L'enfant est capable :
• de coopérer avec le deuxième membre de l'équipe ;
• de manipuler ;
• de rendre compte de ses découvertes.

Séance n° 2
Quels sont les objets que les aimants attirent ? (Jeu de la pêche)

Description de la séance

30 minutes

Étape 1. Phase de verbalisation

• L'enseignant regroupe les enfants pour revenir sur la séance précédente. Il utilisera les photos des plaques levées pour revenir sur les objets qui restent « accrochés » à la plaque de fer et pourquoi il n'y a pas d'objets sur la plaque de bois.
• C'est l'occasion de rappeler les conclusions après les manipulations des aimants.

Étape 2. Phase de présentation de l'activité : jeu de la pêche

• L'enseignant distribue à chaque binôme les ficelles avec les deux aimants attachés à l'extrémité.
• Il explique la consigne aux enfants : « Avec vos aimants, vous allez essayer d'attraper un objet dans la caisse. »

Étape 3. Phase d'activité

• Les enfants manipulent et essayent de répondre à la consigne. La constitution des binômes a pour objectif de favoriser les discussions entre pairs.
• L'objectif est de faire ensuite opérer un tri entre les objets attirés (« que l'on peut attraper avec l'aimant ») et les objets qui ne sont pas attirés.

Étape 4. Phase d'élaboration de la trace écrite

• Cette étape permet d'inviter les enfants à parler de ce qu'ils ont observé. On s'attend à ce que les enfants disent que les aimants attirent les objets en fer mais n'attirent pas les objets en bois, en plastique.
• L'enseignant demande aux enfants de trier les objets en les plaçant dans deux boîtes distinctes.
• Si le groupe n'est pas d'accord sur un objet, l'enseignant validera ou invalidera la proposition par l'expérience en utilisant le matériel.

Rôle de l'enseignant

• Pendant que les enfants manipulent les aimants et essayent d'attraper les objets de leur caisse, l'enseignant circule et écoute les échanges.
• Pendant la phase de verbalisation, l'enseignant apportera le vocabulaire spécifique « attire », « n'attire pas ».

Observables comme outil d'évaluation positive

• L'enfant répond à la consigne et observe les résultats.
• L'enfant prend conscience du magnétisme des aimants.

Traces

Les deux boîtes d'objets triés par les enfants seront déposées dans l'espace science de la classe afin de permettre le réinvestissent lors des plages d'activité libre de l'emploi du temps.

Variables didactiques

• Laisser un temps suffisant aux enfants pour effectuer leurs expérimentations et observations.
• Prévoir des séances de réinvestissement pour stabiliser les apprentissages.

Séance n° 3 Comment faire bouger un objet sans le toucher en utilisant un aimant ?

Description de la séance

30 minutes

Étape 1. Phase de verbalisation

L'enseignant demande aux enfants de se rappeler les séances précédentes, leurs observations, leurs constats, leurs conclusions. Lorsque les enfants ont compris qu'un aimant attire les objets en fer, il est possible leur proposer une situation problème en leur demandant de faire bouger un objet sans le toucher grâce à un aimant.

Étape 2. Phase déclenchante de l'activité

L'enseignant présente le défi aux enfants : « Avec vos deux aimants (un petit et un plus grand), vous allez essayer de faire bouger votre petit personnage sans le toucher. »

Étape 3. Phase d'expérimentation

- Les élèves expérimentent et manipulent les différents objets mis à leur disposition.
- On s'attend à ce que les enfants disent que le petit personnage ne peut pas être attiré par l'aimant.

Étape 4. Phase d'explicitation des recherches

- Cette étape permet aux enfants d'expliquer leurs essais, leurs erreurs et leurs réussites.

Rôle de l'enseignant

- Pendant que les enfants expérimentent et manipulent, l'enseignant observe sans intervenir. Il laisse les enfants chercher, essayer.
- Pour relancer l'activité, si besoin, l'enseignant peut proposer aux enfants de prendre les deux aimants, de les rapprocher et d'observer le phénomène : les deux aimants interagissent ; ils s'attirent ou se repoussent.
- L'enseignant peut poser la question suivante : « Comment pourrait-on faire pour que le personnage bouge en utilisant le petit aimant ? » Il rebondit sur les « trouvailles » des enfants pour faire évoluer la séance.

Observables comme outils d'évaluation positive

- L'enfant répond à la consigne et observe les résultats.
- L'enfant prend conscience du magnétisme des aimants.
- L'enfant propose une solution adaptée pour réaliser le défi : attacher le petit aimant en dessous du personnage avec de la pâte collante puis utiliser l'autre aimant pour le faire bouger (avancer ou reculer).

Traces

Les petits personnages seront conservés sur une plaque pour pouvoir jouer pendant le temps de l'accueil ou en atelier libre.

Variables didactiques

- Laisser un temps suffisant aux enfants pour chercher à réaliser le défi.
- Relancer l'activité si besoin.
- Apporter son aide à la demande.
- Guider, orienter les enfants par un questionnement.

Séquence n° 2

Découvrir les ombres et la lumière

Cette séquence a été écrite conjointement avec Didier Malafosse pour la première édition des ouvrages.

- Séance n° 1 : **Jouer avec son ombre dehors**
- Séance n° 2 : **Je me dessine avec mon ombre**
- Séance n° 3 : **Les objets ont-ils une ombre comme nous ?**
- Séance n° 4 : **Jouer avec le soleil**
- Séance n° 5 : **Peut-on faire des ombres dans la classe ?**

Les séances 3, 4 et 5 ne sont pas développées.

Description de la séquence

Objectifs du domaine d'apprentissage

- L'enfant va découvrir quelques propriétés des ombres : l'ombre ne dépend ni de la matière, ni de la couleur des vêtements.
- L'enfant voit leur ombre mais ne l'observe pas réellement. L'enseignant va susciter l'observation et le questionnement en proposant des situations, des jeux dans la cour de récréation.
- La séquence mettra en évidence le rôle de la lumière.
- Si un obstacle opaque s'interpose (mur, arbre) entre le soleil et moi, je suis à l'ombre et je n'ai donc plus d'ombre.

Attendus de fin de cycle

Explorer la matière

Choisir, utiliser et savoir désigner des outils et des matériaux adaptés à une situation, à des actions techniques spécifiques (plier, couper, coller, assembler, actionner…).

Critères observables

- L'enfant va mettre en relation le soleil, son corps et son ombre.
- L'enfant découvre qu'il peut arrêter la lumière avec son corps.
- L'enfant comprend comment se forme une ombre.
- L'enfant perçoit le soleil comme une source de lumière.

Une évolution des représentations des enfants est attendue au fil des séances.
• Le dessin représente sur la même feuille l'enfant, son ombre et le soleil.
• L'ombre est noire.

Objectifs langagiers

Les enfants seront amenés à décrire ce qu'ils observent en jouant avec leur ombre.

Préparation organisationnelle, matérielle et spatiale de la classe

Organisation de la classe

• Les séances de jeux et d'observation des ombres se déroulent en classe entière dans la cour de récréation lors d'une journée très ensoleillée.
• Les phases de représentation et d'analyse des dessins s'effectuent dans la classe, juste après la séance à l'extérieur.

Matériel

Séance n° 1

• Pas d'accessoire à distribuer aux enfants pour cette séance d'observation et de jeu libre : des feuilles et des feutres pour les premières représentations des ombres (dessins).

Séance n° 2

• Des craies pour faire des tracés sur le sol.
• Un appareil photo numérique ou une tablette pour conserver une trace des ombres des enfants sur le sol .
• Des feuilles et des feutres pour les dessins.

Séance n° 3

• Plusieurs objets : cerceaux, anneaux, ballons, baguettes rondes, plates...

Séance n° 4

• Pas d'accessoire pour cette séance.
• Les dessins des séances précédentes pour comparaison.

Séance n° 1 Jouer avec son ombre dehors

Description de la séance

30 minutes

Étape 1. Phase d'observation de l'ombre

• Après la récréation, un jour de très beau temps, l'enseignant fait remarquer à un élève qu'il est suivi par son ombre afin de susciter la curiosité et provoquer les réactions des autres enfants.
• L'enseignant propose alors aux enfants de s'éparpiller dans la cour de récréation et de regarder leur ombre sur le sol. Il les questionne pour les amener à décrire leur ombre : « Où est votre ombre ? Comment est-elle ? »
• Un jour de temps gris, l'enseignant demandera également aux enfants, lors de la récréation, s'ils voient leur ombre par terre afin qu'ils prennent conscience du rôle du soleil dans la formation des ombres.

Étape 2. Phase de jeu guidé sans accessoire

• Après la phase d'observation libre, l'enseignant démarre une phase de jeu guidé. Il demande aux enfants de marcher, d'avancer, de reculer, de sauter, de balancer la tête, de lever les bras, une jambe, un bras, de se baisser, de se retourner... afin qu'ils s'intéressent au phénomène.
• Il pourra également demander aux enfants de faire l'ombre la plus petite possible, la plus grande possible, de marcher avec l'ombre devant soi, puis derrière soi, etc.
• Les enfants voient leur ombre s'animer comme un personnage, bouger, changer de position, suivre leur corps, changer de forme.

Étape 3. Phase de représentation du corps et de l'ombre

De retour en classe, l'enseignant demande aux enfants de se dessiner avec leur ombre, dans la cour de récréation. Pour cette activité, les enfants ont à leur disposition des feutres et une seule feuille A4.

Consigne : « Vous allez vous dessiner avec votre ombre, comme dans la cour de récréation. Vous ne devez prendre qu'une seule feuille. »

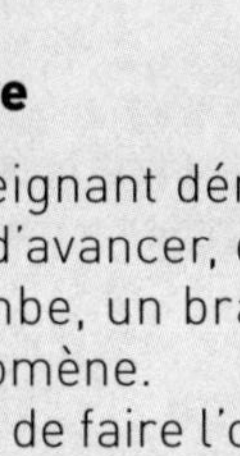
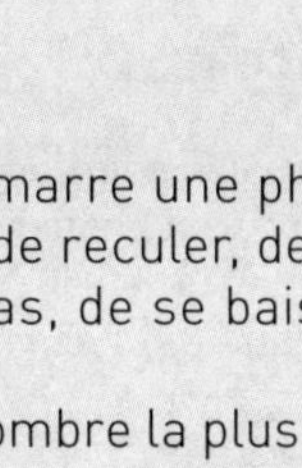
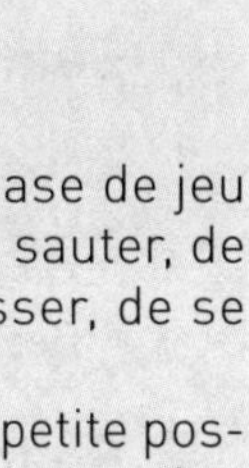

• Sur les dessins, les ombres sont souvent dessinées en couleur, certains détails vestimentaires sont reproduits sur les ombres (les boutons, les motifs, les fermetures...).
• Souvent les enfants se dessinent de face, sur toute la feuille, sans laisser de place pour dessiner l'ombre.
• L'ombre et l'enfant sont très rarement en contact.

Rôle de l'enseignant

• Pendant la phase de jeu libre, l'enseignant observe les réactions des enfants et écoute leurs commentaires.
• Pendant la phase de jeu libre ou guidé, l'enseignant questionnera les enfants pour affiner leurs observations : « Où est ton ombre ? Par terre, à côté de toi ? Si tu sautes, ton ombre saute aussi ? Si tu marches, tu cours ? Que fait ton ombre, elle te suit ? »
• Les enfants peuvent commenter leurs observations en disant, par exemple, que leur ombre les suit, qu'elle devient toute petite quand ils se baissent, qu'elle touche l'ombre d'un autre enfant.
• L'enfant peut aussi remarquer qu'un camarade peut cacher son ombre et que son ombre peut disparaître parce que le soleil est parti, caché par les nuages.

Observables comme outils d'évaluation positive

Les élèves se familiarisent avec le phénomène des ombres. Ils aiguisent leur sens de l'observation grâce au questionnement de l'enseignant et font de nouvelles découvertes.

Traces

• Lors de cette première séance, l'enseignant conservera les premières représentations de l'ombre.
• Les dessins constitueront une base pour constater l'évolution des représentations des enfants.

Variables didactiques

Guider les enfants pour passer du simple constat à une observation plus affinée.

Séance n° 2 Je me dessine avec mon ombre

Description de la séance

Étape 1. Phase d'observation et d'analyse collective des dessins

• Les dessins sont affichés au tableau. La séance débute par une observation collective des productions. L'enseignant demande aux enfants de regarder les dessins et de dire ce qu'ils en pensent. Certains enfants pourront peut être remarquer des incohérences : que les ombres sont à côté des enfants, que l'ombre n'est pas attachée à l'enfant, que l'ombre est trop petite ou trop grande par rapport à l'enfant.
• Le soleil ne sera certainement pas représenté car les enfants ne font pas encore le lien entre le corps, l'ombre et la source de lumière (le soleil).
• L'enseignant dit alors aux enfants qu'ils vont retourner dehors pour bien regarder leur ombre avant de faire un nouveau dessin.

Étape 2. Phase d'observation dehors

Cette phase permet aux enfants d'observer que leur ombre et celle de leurs camarades sont noires, que l'on ne peut pas voir les détails, les couleurs des vêtements, qu'on ne voit pas la fermeture de son pull, ni les boutons de sa chemise, ni les lacets de ses chaussures... Quand on regarde sa tête, on ne peut pas voir ses yeux, sa bouche, son nez...

Étape 3. Dessiner le contour d'une ombre

• L'enseignant souhaite mettre en évidence que les ombres sont attachées aux pieds. Il regroupe les enfants par deux et distribue une craie blanche à un enfant du binôme.
• Il leur demande ensuite de marcher par deux en se tenant la main, puis, au signal, l'enfant qui n'a pas la craie s'immobilise et prend la pose de son choix. L'autre enfant doit tracer le contour de l'ombre de son camarade.
• Puis l'enseignant fait remarquer aux enfants que « Les ombres sont attachées aux pieds ». On peut répéter l'expérience en permutant les enfants pour que tous fassent le tracé d'une ombre.
• Les enfants observent ensuite tous les dessins des ombres dans la cour.

Étape 4. Nouvelle phase de dessin pour faire évoluer les représentations

De retour en classe, l'enseignant demande à nouveau aux enfants de se dessiner avec leur ombre, dans la cour de récréation. On s'attend à une évolution des représentations : qu'ils se dessinent avec leur ombre attachée à leurs pieds et que l'ombre soit cette fois coloriée en noire et que les vêtements ne comportent pas de détails.

Étape 5. Phase de comparaison des dessins

L'enseignant choisit quelques dessins significatifs au tableau pour les comparer. Il demande aux enfants de regarder, de décrire et de dire ce qu'ils en pensent.

Rôle de l'enseignant

- Pendant la phase de dessin du contour de l'ombre, l'enseignant circule dans la cour de récréation, s'assure que les enfants répondent correctement à la consigne et questionne les enfants pour dépasser la situation de jeu et engager une observation plus fine et un questionnement.
- Lors de la phase de comparaison des anciens et des nouveaux dessins, l'enseignant s'attachera à engager les discussions sur les éléments suivants : la taille, la couleur, la forme des ombres, et aussi les points de contact entre l'enfant et son ombre.

Observables comme outils d'évaluation positive

- L'enfant continue à se familiariser avec le phénomène des ombres en prenant conscience que l'ombre est « attachée » à lui.
- L'enfant aiguise son sens de l'observation.
- L'enfant est capable de reconnaître une incohérence dans un dessin.

Traces

- Lors de cette première séance, l'enseignant prendra quelques photos des tracés au sol pour les utiliser lors d'une prochaine séance.
- Les secondes représentations seront conservées pour les comparer avec les prochains dessins et constater les évolutions.

Variables didactiques

Guider les enfants pour passer du simple constat à une observation plus affinée.

Séance n° 3

Une séance de jeu guidé avec des objets de la salle de motricité pour observer s'ils ont aussi une ombre et qu'elle se déforme sur le mur.

Séance n° 4

- Faire prendre conscience aux élèves que les ombres sont orientées en leur demandant de se placer en ligne les uns à côté des autres sans que leurs ombres se touchent, de faire en sorte que les ombres soient devant eux, derrière eux, à droite, à gauche. L'enseignant demandera aux enfants de chercher où se trouve le soleil (sans le regarder !).

• Demander à nouveau aux enfants de se dessiner avec leur ombre. Comparer les anciens dessins des séances 1 et 2 et les nouveaux dessins après la séance 3. On s'attend à une évolution des représentations à la fin de la séquence : l'enfant dessine son ombre attachée à son corps et le soleil.

Séance n° 5 : Proposer une situation problème

Peut-on faire des ombres dans la classe ? L'objectif est de faire prendre conscience aux enfants que, pour faire une ombre, il faut une source de lumière, pas nécessairement le soleil comme dans la cour de récréation.

Prolongement de la séquence

Ouverture vers une autre discipline

Explorer le monde

En GS

Faire des ombres chinoises

Au CP

• Observer une ombre qui disparaît dans une ombre plus grande : ombre du bâtiment de l'école ou d'un arbre. L'objectif est de montrer à l'enfant que, même s'il y a du soleil, il peut ne pas voir son ombre car il est dans l'ombre de quelque chose d'autre.

• Observer le mouvement des ombres des arbres, des objets de la cour de récréation (faire tracer l'ombre pour faire remarquer le changement de direction de l'ombre et le changement de position du soleil dans le ciel).

Mobiliser le langage dans toutes ses dimensions

• Lire l'album de jeunesse *Il ne faut pas faire pipi sur son ombre*, de Jean-Pierre Kerloc'h et Fabrice Turrier (éditions Milan).

• L'utilisation de cet album permet d'engager un débat au sein de la classe et d'évaluer si les enfants ont bien compris le phénomène.

13

Utiliser, fabriquer, manipuler des objets

Séquence n° 1 : Découvrir le fonctionnement et utiliser la lampe de poche 224

Séance n° 1 Utiliser une lampe de poche 226

Séance n° 2 Savoir monter la lampe de poche pour l'utiliser 228

Séquence n° 2 : Construire un objet qui répond à une contrainte et savoir élaborer sa fiche technique 230

Séance n° 1 Fabriquer une voiture qui roule 232

Séance n° 2 Utiliser une photographie comme modèle pour construire un objet qui roule 234

Séquence n° 3 : Découvrir le fonctionnement et utiliser les tablettes tactiles 236

Séance n° 1 Se familiariser avec la tablette tactile 238

Valérie Bouquillon

Séquence n° 1

Découvrir le fonctionnement et utiliser la lampe de poche

- Séance n° 1 : **Utiliser une lampe de poche**
- Séance n° 2 : **Savoir monter la lampe de poche pour l'utiliser**

Description de la séquence

Objectifs du domaine d'apprentissage

- Découvrir et utiliser correctement une lampe de poche.
- Développer l'habileté de l'utilisateur.
- C'est à partir des « pannes » que l'enfant va découvrir le fonctionnement de la lampe.

Attendus de fin de cycle

Explorer la matière

Choisir, utiliser et savoir désigner des outils et des matériaux adaptés à une situation, à des actions techniques spécifiques (plier, couper, coller, assembler, actionner...).

Critères observables

- L'enfant utilise de manière adaptée un objet technique alimenté par des piles.
- L'enfant sait identifier une panne et la réparer pour utiliser une lampe torche.

Objectifs langagiers

- Les phases de manipulation et de verbalisation sont l'occasion pour les enfants de découvrir le fonctionnement et les éléments qui constituent une lampe de poche.
- Utilisation du vocabulaire spécifique : « lampe, pile, ampoule, boîtier, interrupteur, ressort ».
- Les verbes : « éclairer, allumer, éteindre, visser, fermer, pousser... »

Préparation organisationnelle, matérielle et spatiale de la classe

Organisation de la classe

Chaque séance s'effectue en groupe de 6 à 8 élèves, en fonction du nombre de lampes disponibles.

Organisation matérielle

Pas d'organisation particulière pour cette séance.

Matériel

Séance n° 1

- une lampe de poche par enfant ;
- des piles ;
- des ampoules ;
- des lampes qui ne fonctionnent pas (pannes créées par l'enseignant) :
  - la pile est enlevée,
  - la pile est usée,
  - l'ampoule est mal vissée,
  - l'ampoule est grillée,
  - le boîtier est mal fermé.

Séance n° 2

- une lampe démontée par enfant ;
- pour la trace écrite :
  - des feuilles (format A5) et des crayons,
  - les cahiers d'expérience des enfants.

Site: https://www.google.fr

Séance n° 1
Utiliser une lampe de poche

Description de la séance

30 minutes

Étape 1. **Phase de préparation**

• Dans un premier temps, l'enseignant présente la lampe de poche aux enfants. Il leur demande s'ils connaissent le nom de l'objet et à quoi il sert.
– « Qu'est-ce que c'est ? »
– « Comment s'appelle cet objet ? »
– « À quoi ça sert ? »
– « Pourquoi l'utilise-t-on ? »
• Les enfants vont peut être se souvenir qu'en petite section ils ont utilisé la lampe dans le dortoir pour regarder les images et les formes (*cf.* séquence « Découvrir et utiliser la lampe de poche » chapitre : Utiliser, fabriquer, manipuler des objets – Je prépare ma classe TPS/PS).

Étape 2. **Phase de découverte et de manipulation de l'objet**

• L'enseignant distribue une lampe à chaque enfant et lui demande de l'allumer.
• Les enfants essayent d'allumer leur lampe sans aide. Certains d'entre eux n'y parviennent pas. Il peut s'agir d'une difficulté de manipulation (l'enfant ne parvient pas à pousser le bouton « marche ») ou d'une « panne » créée par l'enseignant.

Étape 3. **Phase de structuration du savoir**

Cette phase permettra de mettre en évidence les conditions nécessaires pour faire fonctionner la lampe de poche :
• une ampoule bien vissée ;
• une pile non usagée et bien placée ;
• un boîtier bien fermé.

Rôle de l'enseignant

• Pendant la phase d'exploration libre, l'enseignant laisse les enfants chercher, tâtonner, faire des hypothèses, sans donner trop vite la solution.

• L'enseignant :
 – peut aider un enfant qui ne parvient pas à pousser assez fort le bouton « marche » pour allumer la lampe ;
 – favorise les échanges entre enfants, ainsi que le tutorat, afin de résoudre les différents problèmes rencontrés pour faire fonctionner la lampe ;
 – intervient pour relancer les recherches, inciter les enfants à ouvrir, à démonter, à remonter la lampe pour observer les différents éléments ;
 – incite les enfants à préciser une idée intéressante pour obtenir un mot de vocabulaire précis : « ampoule, boîtier, pile plate... »

Observables comme outils d'évaluation positive

• L'enfant sait repérer la panne et la réparer pour faire fonctionner sa lampe de poche.
• L'enfant comprend le fonctionnement de la lampe.

Traces

L'enseignant ne conservera pas de trace de cette séance de découverte.

Variables didactiques

• Remédier aux difficultés manipulatoires.
• Inciter les enfants à bien observer les éléments de la lampe.
• Proposer une séance supplémentaire pour certains enfants.

Séance n° 2
Savoir monter la lampe de poche pour l'utiliser

Description de la séance

30 minutes

Site: https://www.google.fr

Étape 1. Phase de rappel

L'enseignant demande aux enfants de se souvenir de la séance précédente et de se rappeler comment utiliser la lampe de poche. C'est l'occasion d'énumérer les différents éléments qui la constituent et de décrire comment les installer dans la lampe pour qu'elle éclaire.

Étape 2. Phase d'évaluation

L'enseignant distribue à chaque enfant une lampe de poche démontée et lui demande de la remonter et de la faire fonctionner.

Étape 3. Phase d'élaboration de la trace écrite

L'enseignant distribue une feuille à chaque enfant et lui demande de dessiner ce que l'on trouve dans la lampe de poche. « Dessinez ce que l'on pourrait voir à l'intérieur de la lampe si elle était transparente. »

Étape 4. Analyse des dessins

- L'enseignant affiche tous les dessins au tableau et demande aux enfants de les observer.
- Ceux-ci sont commentés et analysés par le groupe pour vérifier que tous les éléments sont dessinés.

Rôle de l'enseignant

- Pendant la phase de manipulation, l'enseignant se place en observateur attentif.
- Pendant la phase d'élaboration de la trace écrite, l'enseignant observe et apporte son aide en questionnant les enfants afin que tous les éléments soient bien représentés.

Observables comme outils d'évaluation positive

- L'enfant sait repérer la panne et la réparer pour faire fonctionner sa lampe de poche.
- L'enfant comprend le fonctionnement de la lampe.

Traces

Chaque enfant conservera son dessin dans son cahier d'expérience.

Variables didactiques

- Aider les enfants si besoin à remonter leur lampe de poche.
- Verbaliser les possibles erreurs : « Regarde bien si la pile est à l'endroit, si tu as bien fermé le boîtier… »

Prolongement

Utiliser d'autres objets alimentés par des piles pour comparer.

Séquence n° 2

Construire un objet qui répond à une contrainte et savoir élaborer sa fiche technique

- Séance n° 1 : **Fabriquer une voiture qui roule**
- Séance n° 2 : **Utiliser une photographie comme modèle pour construire un objet qui roule**

Description de la séquence

Objectifs du domaine d'apprentissage

- Découvrir le rôle des roues et de l'essieu dans une voiture en essayant de fabriquer un véhicule rudimentaire (à au moins un essieu), mais qui roule.
- Développer le sens de l'observation des mécanismes et l'habileté manuelle.

Attendus de fin de cycle

Réaliser des constructions : construire des maquettes simples en fonction de plans ou d'instructions de montage.

Critères observables

- L'enfant comprend un mécanisme simple : le système roue/essieu.
- L'enfant utilise une photo comme modèle pour réaliser un montage.
- L'enfant comprend la fonction d'une fiche technique.

Objectifs langagiers

- Les phases de manipulation et de verbalisation sont l'occasion pour les enfants d'émettre des hypothèses et de les vérifier.
- Utilisation du vocabulaire spécifique : « roue/essieu ».
- Découvrir un type d'écrit : prescriptif.

Préparation organisationnelle, matérielle et spatiale de la classe

Organisation de la classe

- Séance n° 1 : groupe de 8 élèves.
- Séance n° 2 : 4 binômes de 2 élèves.

Organisation matérielle

Pas d'organisation particulière pour cette séance

Matériel

Séance n° 1

- divers objets (disposés de manière bien visible sur quelques tables) pouvant servir à fabriquer : des roues (bouchons en liège, en plastique, boules de cotillons, etc.) ;
- des essieux : allumettes, pailles, brochettes en bois, bâtons de sucette, etc. ;
- des carrosseries : grosses boîtes d'allumettes, boîtes de médicaments, etc. ;
- des liens : ruban adhésif, pâte collante ;
- quelques petites voitures construites avec des pièces de jeu de construction (on en trouve aussi dans les œufs-surprises, etc.). Elles doivent être cachées en début de séance et réservées à l'observation si besoin ;
- feuilles de format A5 pour dessiner.

Séance n° 2

- même matériel que pour la séance n° 1 ;
- les photographies des voitures construites par les enfants lors de la séance n° 1.

Séance n° 1
Fabriquer une voiture qui roule

Au préalable, les enfants ont déjà eu l'occasion de :
• jouer dans le « coin garage » de la classe avec des objets roulants. Ils ont pu faire rouler ces objets sur différents plans (au sol, avec un garage sur des plans plus ou moins inclinés) ;
• construire des objets avec le matériel mis à leur disposition au moment de l'accueil ou lors d'ateliers libres.

Description de la séance

30 minutes

Étape 1. Phase de préparation

• L'enseignant présente aux enfants le matériel disposé sur les tables, puis le projet, à l'aide d'une situation-problème : « Pour le coin garage de la classe, vous allez construire une voiture qui roule. »
• Les enfants découvrent le matériel et se familiarisent avec. C'est également l'occasion de nommer les objets.

Étape 2. Phase de recherche

• Les enfants construisent individuellement leur voiture en sélectionnant le matériel de leur choix.
• L'objectif est de découvrir comment on peut relier les roues à la carrosserie, de manière à ce qu'elles puissent tourner.
• Les enfants manipulent, tâtonnent, essayent de construire leur voiture sans l'aide de l'enseignant.
• Ils ont conscience de la nécessité des roues, mais on s'attend à ce qu'ils proposent les solutions techniques suivantes :
– attacher les roues directement sur la voiture sans essieu ;
– attacher ou coller l'essieu en dessous de la voiture sans qu'il puisse tourner ;
– utiliser des roues n'ayant pas forcément un diamètre identique sur le même essieu.

Étape 3. Phase de verbalisation

• Cette phase doit permettre de mettre en évidence les conditions nécessaires pour faire rouler la voiture.

• Les enfants doivent prendre conscience :
- qu'il faut un essieu pour lier les roues entre elles ;
- qu'il faut deux roues de même taille de chaque côté de l'essieu ;
- que l'essieu doit pouvoir tourner pour que la voiture roule.

Étape 4. Phase de structuration du savoir

L'enseignant distribue une feuille à chaque enfant et lui demande de dessiner sa voiture terminée et de dessiner toutes les pièces qu'il a utilisées.

Rôle de l'enseignant

• Pendant les manipulations, l'enseignant favorise les échanges, le tutorat, sans donner de solution au problème. Il observe les réactions des enfants et les exploite pour avancer dans les recherches. Il pose les questions suivantes : « Pourquoi la voiture roule-t-elle ? Grâce à quoi ? »

• Pour relancer les recherches si besoin, l'enseignant apporte des voitures et demande aux enfants d'observer :
- comment les roues sont attachées ;
- comment l'essieu est fixé.

• L'enseignant incite les enfants à démonter et à remonter la voiture pour mieux comprendre le système.

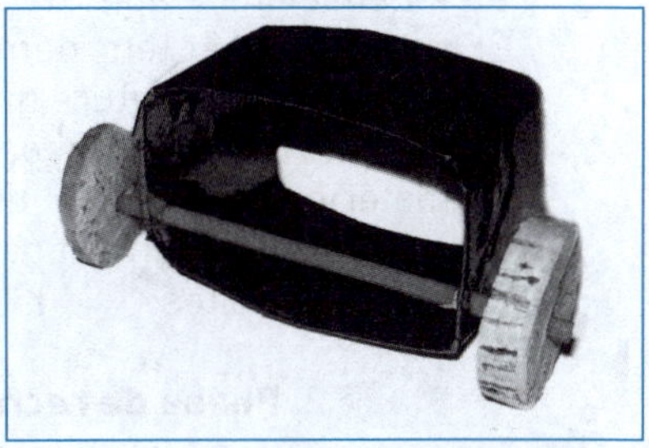

Observables comme outils d'évaluation positive

• L'enfant comprend le système roue/essieu.
• L'enfant réalise un montage.

Traces

• L'enseignant prendra en photo les réalisations des enfants pour la deuxième séance.
• Chaque voiture est rangée avec le nom de l'enfant pour l'élaboration d'une fiche technique.

Variables didactiques

• Guider les enfants en les questionnant.
• Verbaliser les possibles erreurs.
• L'enseignant propose d'observer des petites voitures construites avec des pièces de jeu pour aider les enfants si besoin.

Séance n° 2
Utiliser une photographie comme modèle pour construire un objet qui roule

Description de la séance

30 minutes

Étape 1. Phase de rappel

• L'enseignant apporte les voitures construites par les enfants lors de la séance précédente et leur demande de se remémorer comment ils ont procédé pour fabriquer une voiture qui roule.
• Il questionne les enfants pour préciser la description de la construction : « Quel matériel avez-vous utilisé ? Comment faire pour que la voiture roule ? »
• Ce questionnement permettra de mettre en évidence les difficultés rencontrées et les réussites.

Étape 2. Phase de recherche

• Le groupe est réparti en binômes.
• Chaque binôme a la photo d'une voiture réalisée lors de la séance précédente.
• L'enseignant demande à chaque binôme de reconstruire la même voiture à partir du modèle (photo).
• Les enfants agissent et essayent de construire la voiture.

Étape 3. Mise en commun

• Les enfants sont regroupés pour vérifier si les constructions sont conformes aux photos.
• Chaque binôme vient accrocher au tableau la photo et montrer la voiture.
• La validation s'effectue par comparaison. Le groupe vérifie si le matériel utilisé est identique à celui de la photographie et si tous les éléments ont été utilisés.

Rôle de l'enseignant

Pendant les manipulations, l'enseignant favorise les échanges, le tutorat, sans donner de solution au problème. Il observe les réactions des enfants et les exploite pour avancer dans les recherches. Il pose les questions suivantes : « Pourquoi la voiture roule-t-elle ? Grâce à quoi ? »

Observables comme outils d'évaluation positive

- L'enfant a su construire avec son binôme une voiture qui roule, conforme à un modèle (photographie).
- L'enfant est capable de coopérer pour répondre à une consigne.

Traces

Les photos des voitures seront conservées comme modèles et réutilisées en atelier libre.

Variables didactiques

L'enseignant guide les enfants si besoin par un questionnement.

Prolongement

Utiliser et élaborer une fiche technique pour construire un objet.

Séquence n° 3

Découvrir le fonctionnement et utiliser les tablettes tactiles

• Séance n° 1 : **Se familiariser avec la tablette tactile**

Description de la séquence

Objectifs du domaine d'apprentissage

Comprendre l'utilité et commencer à utiliser de manière adaptée une tablette numérique

La mise en œuvre de la tablette numérique est rapide. « Son autonomie, sa légèreté, sa simplicité d'utilisation, sa mobilité modifient l'organisation et l'usage des TICE dans la classe. Un impact positif sur les apprentissages dans de nombreux champs disciplinaires lui est reconnu. Au-delà des phases de prise en main et des considérations techniques qui sont à présent connues, il s'agit bien désormais d'engager des pratiques pédagogiques innovantes s'appuyant sur le potentiel technique des tablettes tactiles. » Eduscol

Attendus de fin de cycle

Utiliser des objets numériques : appareil photo, tablette, ordinateur.

Critères observables

L'enfant sait :

- utiliser la tablette de façon autonome et adaptée ;
- allumer, éteindre la tablette ;
- choisir une application ;
- utiliser les touches de direction (bas, haut, droite, gauche). Il est ainsi capable de déplacer un personnage dans un jeu.

Objectifs langagiers

Utilisation du vocabulaire lié au numérique : « tablette tactile, numérique, glisser, toucher, application, logiciel, écran tactile, clavier tactile. »

Préparation organisationnelle, matérielle et spatiale de la classe

Organisation de la classe

Atelier de 6 à 8 enfants, en fonction du nombre de tablettes.

Les élèves peuvent travailler avec les tablettes numériques en fonction des activités proposées à tout moment de la journée et pour de nombreux domaines d'apprentissage.

Les séances incluant les tablettes numériques seront :
– dirigées par l'enseignant pour une découverte ;
– proposées en activité autonome de réinvestissement, d'entraînement des compétences travaillées en amont.

L'enseignant intégrera ce nouvel outil dans sa pratique pédagogique. Les tablettes seront proposées dans les activités de classe au quotidien.

La tablette reste un outil au service des apprentissages. C'est son exploitation pédagogique qui peut en faire une plus-value pour les apprentissages. L'utilisation du numérique doit être un plus, mais ne peut remplacer la manipulation, les explorations sensorielles, nécessaires au développement de l'enfant, et la création.

Organisation matérielle

- Des tablettes numériques : une par enfant.
- Des applications sélectionnées par l'enseignant.

Séance n° 1
Se familiariser avec la tablette tactile

Description de la séance

30 minutes

Étape 1. Phase de prise en main de l'outil

• Le fonctionnement de la tablette est intuitif. Les enfants deviennent très rapidement autonomes.
• L'enseignant apporte les tablettes en donnant le nom de l'outil, « tablette numérique », et demande aux enfants s'ils le connaissent et s'ils savent comment s'en servir. Certains enfants possèdent peut-être une tablette à la maison. Ils peuvent alors expliquer comment l'allumer et accéder à un jeu. Cette première phase favorise la collaboration et l'entraide entre enfants. Ceux qui savent peuvent montrer aux autres.
• Cet outil déclenche de l'intérêt chez les enfants, qui prennent plaisir à jouer sur la tablette. Elle est source de motivation.
• L'appropriation de la tablette par les enfants est rapide et ne pose pas de problème compte tenu de sa simplicité d'utilisation.

Étape 2. Phase d'activité

• Chaque enfant explore librement la tablette et choisit un jeu.
• C'est aussi l'occasion d'apporter le vocabulaire numérique, d'être précis pour décrire son action : ex. : « je cherche, j'utilise une application ».

Étape 3. Apprendre à prendre une photo

Ensuite l'enseignant apprendra aux enfants à prendre une photo avec la tablette pour qu'ils puissent conserver une trace de leur travail dans d'autres ateliers. Il expliquera aux enfants qu'ils pourront prendre en photo leur création, par exemple avec la pâte à modeler, leurs réalisations avec les jeux de construction, leurs déguisements dans l'espace dédié de la classe, leurs trouvailles dans le coin sciences...

Rôle de l'enseignant

- Pendant la phase d'exploration libre, l'enseignant laisse les enfants manipuler librement. Il favorise les interactions et fait verbaliser les actions.
- L'enseignant questionne les enfants pour qu'ils puissent décrire leurs actions.

Observables comme outil d'évaluation positive

L'enfant sait utiliser la tablette, sélectionner une application et jouer.

Traces

L'enseignant ne conservera pas de trace de cette séance de découverte.

Variables didactiques

- Remédier aux difficultés manipulatoires si besoin.
- Organiser des modes de regroupement favorisant la coopération (binômes par exemple).

Prolongement de la séquence

Après cette phase de découverte et de manipulation libre, les enfants pourront s'entraîner sur des applications en lien avec les apprentissages conduits. L'utilisation de la tablette numérique doit être conçue comme un objet au service des apprentissages. Elle est en lien avec tous les domaines d'apprentissages. L'utilisation de ce nouvel outil et les multiples possibilités qu'il offre permettent également de répondre aux préconisations du programme de l'école maternelle concernant les modalités spécifiques d'apprentissage :

- apprendre en jouant ;
- apprendre en mémorisant et se remémorant ;
- apprendre en s'exerçant ;
- apprendre en réfléchissant et en résolvant des problèmes.

La liste des possibilités ci-dessous n'est pas exhaustive. Elle a pour but d'alimenter les possibles.

Mobiliser le langage dans toutes ses dimensions	ORAL : • favoriser les échanges langagiers en disposant de supports riches et variés (photos, vidéos...) qui nourrissent les échanges et interactions entre élèves, • permettre un retour sur l'activité menant à un oral métacognitif (une vidéo de l'élève en activité est reprise pour verbaliser) ; • enregistrer un rappel de récit ; • enregistrer et écouter des sons ; • travailler la conscience phonologique. ÉCRIT : • créer un livre numérique ; • créer un imagier numérique ; • retrouver son prénom ; • écrire son prénom en cursive sur la tablette.
Découvrir le monde	Dans le chapitre 10, « Se repérer dans l'espace », les utilisations de la tablette numérique sont présentées (lors de la séquence 1, « activités d'orientation », et lors de la séquence 2, « découvrir différents milieux »). Lors de la mise en œuvre de la séquence 3, « déplacement et codage », du chapitre 10, la programmation du robot peut passer par l'application logicielle. 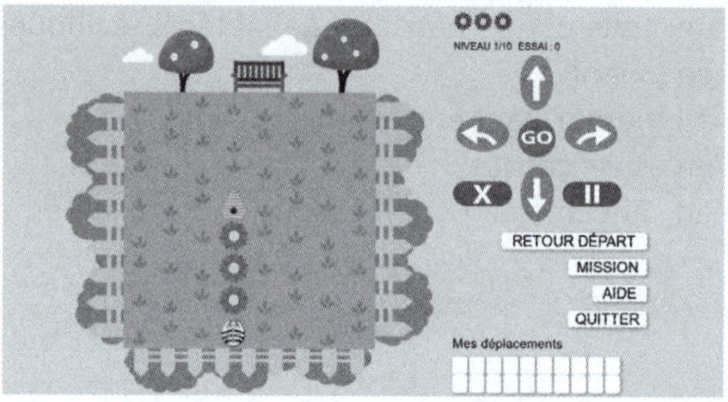 *Photo : http://classedeflorent.fr*
Construire les premiers outils pour structurer sa pensée	• trier des formes géométriques. • créer un livre des nombres. • utiliser des jeux en ligne pour s'exercer dans le domaine de la numération.

Achevé d'imprimer en avril 2021
sur les presses de la SEPEC (France)
Numéro d'impression : 09467210413
Numéro d'éditeur : MAGSI-20200186
Dépôt légal : mai 2021

IMPRIM'VERT®

PEFC 10-31-1470 / Certifié PEFC / Ce produit est issu de forêts gérées durablement et de sources contrôlées. / pefc-france.org